Guillermo Randle

De la confusión interior a la libertad en el Espíritu

Guillermo Randle

De la confusión interior a la libertad en el Espíritu

Una originaria experiencia de Dios

CREDO EDICIONES

Imprint
Any brand names and product names mentioned in this book are subject to trademark, brand or patent protection and are trademarks or registered trademarks of their respective holders. The use of brand names, product names, common names, trade names, product descriptions etc. even without a particular marking in this work is in no way to be construed to mean that such names may be regarded as unrestricted in respect of trademark and brand protection legislation and could thus be used by anyone.

Cover image: www.ingimage.com

Publisher:
CREDO EDICIONES
is a trademark of
Dodo Books Indian Ocean Ltd., member of the OmniScriptum S.R.L Publishing group
str. A.Russo 15, of. 61, Chisinau-2068, Republic of Moldova Europe
Printed at: see last page
ISBN: 978-613-5-47960-7

GUILLERMO RANDLE[1]

De la confusión interior

A la libertad en el Espíritu

Una originaria experiencia de Dios

[1] Jesuita. Nacido en Buenos Aires. Licenciado en Teología. Profesor de Teología Espiritual en el ITEPAL-CELAM, Bogotá; de Formación Teológica en la Universidad Católica de Córdoba y de Formación en la vida del Espíritu en el Seminario San Pedro y San Pablo, Buenos Aires. Miembro fundador de los Encuentros Internacionales de Historia y Espiritualidad de la Compañía de Jesús. Autor de *Teología desde la experiencia de la vida en el Espíritu* en trece ensayos. Ha dado cursos, talleres, conferencias y Ejercicios Espirituales en varios países de Europa, América del Sur, México y el Caribe.

INDICE

NOTICIA BIOGRÁFICA SOBRE EL AUTOR TRATADO

Pieter Van der Meer de Walcheren nació en Utrecht, Holanda, el 10 de septiembre de 1880, de familia aristocrática y protestante.

De estudiante fue un ardiente nietzscheano y anarco-socialista, en oposición al socialismo de sus padres. En 1900, durante varios meses compartió la vida de los obreros portuarios de Ámsterdam. Se separó de ellos cuando advirtió que nada podía darles.

En 1901 milita en la Casa del Pueblo, en Bruselas, donde suele encontrarse con Cristina Verbrugghe, joven católica anticlerical. Se casan por civil ese mismo año. Tienen tres hijos: Pieterke, Janneke Frans (muerto a los dos años) y Ana María.

En 1907 tiene lugar el punto de partida de su cambio interior. En 1909 se instalan en Paris donde frecuentan los medios artísticos y se encuentran a menudo con Picasso y Stravinsky. Seducidos por la lectura de Huysmans, los oficios benedictinos de la rue Monsieur y la amistad de León Bloy, llegan ambos en 1911 al final de un proceso de conversión. Pieter Van der Meer es bautizado con su hijo y formaliza su matrimonio con Cristina delante de Dios. Tras la muerte de ella en 1953, se consagró como monje benedictino en Holanda, hasta entregar su alma y nacer para el cielo en el monasterio de Oosterhout el 16 de diciembre de 1970.

Es necesario ser modesto desde que se entra en los dominios del espíritu donde siempre acaecen misteriosos cambios y donde, a menudo, nada se otorga si, primeramente, no se ha consentido en recibir con creces.

Marie-Alain Couturier

¿POR QUÉ VAN DER MEER?

Porque es el vivo testimonio de la acción de Dios que se hace encontradizo de aquellos que lo buscan, a pesar de haber vivido Van der Meer entre los siglos XIX y XX que, como bien dice de ellos Albert Camus, *"en su tendencia más profunda, son siglos que han tratado de vivir sin trascendencia"*[2].

Esto quiere decir que no sólo vemos en *"Mi diario"* - editado en castellano como *"Nostalgia de Dios"* - una riqueza y problemática interior profunda, sino también, un raro y valioso testimonio de lo que pasa por el alma, en la lucha que es la vida en el Espíritu[3], y no sólo comunicación de ideas y pensamientos que no la trasuntan, como es común hallar en otros autores. Más aun, porque en este cambio de época en que nos encontramos, el testimonio de su proceso, desde la confusión interior a la libertad en el Espíritu, gracias a un laborioso y largo proceso de discernimiento, deja un valioso mensaje y tarea para estos tiempos difíciles y desconcertantes, como fueron también para él en su medida, los primeros años del siglo XX, previos a la primera guerra mundial.

Por último, lo abordamos porque creemos con H. U. von Balthasar que *"es interesante y fecundo examinar de esta manera todas las demás formas de la existencia eclesial y mostrar cómo son otras tantas*

---

[2] Albert Camus, *El hombre rebelde*. Editorial Losada, Buenos Aires, 1973, 134.
[3] Cf. Ton H. M. van Schaik, *"Van der Meer de Walcheren (Pierre)"*, Dictionnaire de Spiritualité, Tome XVI, Beauchesne, Paris, 1994, col. 241-245.

improntas de la forma de Cristo" [4] , es decir, desde la experiencia de la vida en el Espíritu.

SU DIARIO

A Van der Meer le preocupaba sin lugar a dudas, el tema de Dios con referencia al mundo y asimismo el tema del hombre y su destino; el enigma del espíritu humano. En él ciertamente, la pregunta de Dios es una pregunta humana y la pregunta acerca del hombre es una pregunta divina. Más aun, tal vez el misterio de Dios se revele mejor en él a través del misterio humano que a través de la invocación a Dios fuera del hombre. Es por esto que, aunque Van der Meer no es un teólogo, ha estado cerca del Dios vivo que se le revela dentro del destino del hombre. En este sentido, nos muestra cómo en su proceso personal, fue de ayuda ser de base un buen humanista.

Abordamos su Diario entre los años que comprenden su proceso de cambio, pertenecientes todavía de alguna manera al siglo XIX, si consideramos que el fin del mismo se produjo en realidad tras la primera guerra mundial (1914-18), sin embargo, por su problemática existencial, es ya un típico hombre del siglo XX y un anticipo del XXI.

Su tratamiento ha sido no fácil para nosotros, no sólo por lo compacto y denso de su lenguaje, sino también porque, como dice Van Schaik en el artículo citado, *"su estilo, exuberante y prolijo, como así también la intensidad y exaltación de su voz, no son siempre favorables a la claridad de su pensamiento. En su arrebato, descuida a menudo los matices, que no sólo es una herencia del 'insoportable' Bloy, sino también un rasgo de su carácter"*. Es por esto que hemos obviado estos aspectos y hemos ido directamente al rico meollo de su interioridad, a lo que le

[4] H. U. von Balthasar, *Gloria,* 1961, 530.

pasó, a través de una lectura desde la experiencia de la vida en el Espíritu. En otras palabras, hemos pasado de lo narrativo a lo radiográfico, mediante el discernimiento de lo que pasó por su alma.

Dice acertadamente León Bloy, a propósito de "Nostalgia de Dios", que *"el Misterio es lo primero que entra por los ojos apenas se abre este libro, apenas se inicia la lectura de este relato tan simple y tan bello de la peregrinación de un alma en busca de Dios... Empresa difícil y dolorosa hasta lo indecible a causa de las tinieblas... que cubren el camino".*

En efecto, al misterio de la persona humana jamás nadie es capaz de sentirlo y de probarlo tal como es, por ello, la tentativa de interpretar a Van der Meer permanecerá de alguna manera incompleto, y por tanto, pretender lo contrario hubiese sido improcedente. Es por esto que nuestro pensamiento incompleto trata de dar lugar a un desarrollo ulterior y se circunscribe al período que va de 1907 a 1911. Ello lo hacemos con ayuda de la clave de nuestro modo de proceder, el discernimiento, *"a causa de las tinieblas... que cubren el camino",* y con el instrumento del mismo, brindado por las clásicas pautas de discernimiento de espíritus de Ignacio de Loyola[5], para descubrir y desentrañar la luz en medio de las tinieblas.

En este sentido entendemos también las palabras de Bloy en su introducción a dicho libro, cuando dice que: *"Es angustioso y magnífico*[6] *descubrir tales cosas en el 'Diario' de Pieter Van der Meer",* mucho más cuando lo abordamos por medio del discernimiento y descubrimos una verdadera teología vivida, al brindarnos incluso la ocasión de otro conocimiento de Dios, no en sí mismo, sino en signos referibles a él, vivo en medio de la lucha interior leída desde la experiencia de la vida en el Espíritu.

---

[5] Ignacio de Loyola, *Ejercicios Espirituales,* n. 313-336.
[6] Tal ha sido también para nosotros la experiencia al tratarlo.

La revelación de la humana-divinidad... se descubre en la experiencia espiritual del hombre y no en la especulación teológica.

Nicolás Berdiaev

1. NUESTRO MODO DE PROCEDER

El testimonio de Pieter Van der Meer, más concretamente su originaria experiencia de Dios, se inscribe dentro de lo que llamamos *teología desde la experiencia de la vida en el Espíritu*[7], donde *la intuición central opera la refundición de un elemento disperso, como son las pautas para discernir de Ignacio de Loyola.* En ella tratamos de hablar de la acción del Espíritu en base a hechos, a fin de abrirnos a un espacio y un lenguaje apto para entablar un diálogo con el hombre de nuestros días, en quien despunta hoy otra vez la pregunta sobre Dios, y además, hacerlo sin cerrarnos como teólogos en una repetición mortífera.

Este modo de proceder actualiza, por tanto, el mensaje evangélico en función de los grandes interrogantes existenciales de todos los tiempos, y necesario en épocas de crisis para una re-evangelización y una re-actualización de la teología. Por ello nos ocupamos de la experiencia de la existencia cristiana y con mayor razón de los procesos de virajes personales hacia Dios, dentro de un marco o modo teológico existencial de proceder con la ayuda de las clásicas pautas de Ignacio de Loyola para discernir. Estas evitan todo relativismo o subjetivismo, y tienen asimismo presente los tres niveles de realidad de la persona humana: corporal – psíquico - espiritual y su fenomenología, puesto que son reflejo de la vida misma y no teoría alguna.

[7] Cf. G. Randle, *Teología desde la experiencia de la vida en el Espíritu. Otro modo de proceder. La clave y el instrumento.* Credo Ediciones, 2013.

2. EL PRESENTE ENSAYO

El presente ensayo es, por tanto, un estudio epistemológico sobre el lugar que ocupa la experiencia de la vida en el Espíritu en el proceso de conversión, su papel específico como categoría o "lugar teológico", base de una teología empírica propia para nuestra época. Por ende, el objetivo de la misma y su modo existencial de proceder es demostrar que la experiencia cristiana es hoy no sólo "pensable", sino también "vivible", asunto importante para el hombre de hoy.

Para el análisis del "lugar teológico", constituido en este caso por Pieter Van der Meer, este modo de proceder tiene en cuenta la afirmación del principio formal de que es preciso considerar en primer lugar la verdad de la situación histórica.

En segundo lugar, es realizarlo con la ayuda de las ciencias que investigan la realidad humana en sus niveles: físico, psíquico y del espíritu, mancomunados en nuestro modo teológico integral de proceder. De esta unión de principios y de la realidad en que son aplicados, brota una teología encarnada en el mundo y por tanto, da importancia a la historia en la que se realiza lo no-histórico, lo trascendente.

Esto completa asimismo, un método histórico-crítico mediante un marco empírico-crítico, cuya clave de interpretación es el discernimiento, y el instrumento del mismo las pautas ignacianas mencionadas, con ayuda de las que verificamos las afirmaciones dejadas en su libro *"Nostalgia de Dios"* acerca de su experiencia de vida.

Notamos de paso, la situación paradójica en que se halla esta teología vivida, al tener que identificar al que es propia y estrictamente inidentificable. Sólo nos queda el recurso suficiente de intentar hacerlo de una manera indirecta, como es discernir las señales referibles a su acción, esas que nos brinda en la vida ordinaria, en todo lo que nos hace bien y ayuda en su seguimiento.

Es así cómo la teología desde la experiencia de la vida en el Espíritu trata de llevar a cabo la tarea integral de detectar no sólo la acción de Dios vivo, sino también, la de quien interfiere nuestra relación con Él, cuyas obras vino Jesucristo a deshacer (1 Jn 3,8) y es quien pone obstáculos en la carrera, tal como lo revelan con sana sospecha, tanto Jesucristo (Mt 13,28a), como san Pablo (Gal 3,1 y 5,7). Todo ello desarrollado bajo las condiciones y exigencias de una situación histórica y personal conflictiva y vital, como de manera existencial se presenta en Van der Meer. En este sentido, nuestro modo teológico de proceder es "práctico", porque elabora un pensamiento "interrumpido" por la praxis, es decir, por la experiencia, y por tanto, no teórico. Así concebido, supera los estrechos límites de la teología académica, para extenderse a todos los creyentes, más aun, a todos los seres humanos.

Por este motivo, en ella la relación con el mundo, ante el que la fe cristiana ha de dar razón de su esperanza, está orientada hacia el aquí y ahora. Por tanto, su orientación es marcadamente operativa, y desde el punto de vista teológico fecunda, nota no desdeñable en este momento histórico de su hacer. En otras palabras, trata de la existencia en su realidad conflictiva y no idílica, donde el hombre es interferido en su relación con Dios por un tercero, llamado “padre de la mentira”, Jn 8,44.

Ahora bien, ¿de qué saber tratamos para anunciar la acción de Dios, manifestada en el proceso de cambio en Pieter Van der Meer, que va de 1907 a 1911? Tratamos de un saber revelador de lo que pasó por su alma, de los cambios interiores, donde el centro ocupado por el "ego", es liberado por la locura inefable del Amor divino, encarnado, crucificado y resucitado por nosotros. En una palabra, tratamos de la sabiduría encarnada en Cristo, que proyecta luz sobre Dios a través del misterio humano.

Esta sabiduría es, por tanto, un cuerpo en la historia, una "carne" que reclama una dimensión discernible y reconocible gracias a las pautas de discernimiento ya citadas. El carácter empírico y no teórico de estas, ayuda en fin, al descubrimiento de la acción de Dios vivo, presente y actuante en la vida de Van der Meer. El conocimiento que de Dios brindan aquellas, nos revela signos referibles a él, que permiten detectar su acción, tal como en la vida ordinaria detectamos la presencia de determinada persona por su taconeo y su forma de abrir o cerrar la puerta, sin necesidad de verla, ni de oír su voz, pero sin dudar ni poder dudar que es esa persona y está ahí.

3. EL MUNDO QUE LE TOCÓ VIVIR

¿Cuál era el panorama del mundo que le tocó vivir al poeta holandés Van der Meer, nacido en Utrecht el año 1880? Era el mundo comenzado noventa y un años antes con la revolución francesa, a partir de la que Dios fue relegado poco a poco a la máxima lejanía y era concebido con relación al mundo como completamente distinto y separado uno de otro. Se pensaba en un "Dios ausente", que había compuesto y puesto en marcha la máquina de relojería del Universo, y desde entonces procedía siguiendo la regularidad cósmica y se manifestaba de manera automática. En esta visión estática de la creación en continuo devenir, quedaba excluida toda relación personal con el Hacedor. Se rechazaba el misterio; la religión caía bajo el solo dominio de la razón natural. En este clima, las relaciones humanas se enfriaban y se hacían excesivamente racionales; el Universo se convertía en una máquina, así como también el hombre y el Estado.

Las cosas marchaban sin Dios, y por tanto, sin parámetro alguno que permitiese discernir para ser libres y no esclavos de confusiones.

Ningún hombre razonable rezaba. Había pasado la época de la contemplación y llegado la de la acción, o mejor dicho, del activismo: el hombre administraba no sólo su mundo, sino también a sí mismo, y hacía consigo lo que quería. Como dice Walter Dirks, esto *"no era una conclusión lógica, sino una experiencia evidente, el que Dios no existía..."* Más aun, como afirma von Balthasar yendo al fondo de la cuestión: *"El ateísmo ateo y revolucionario de la hora inicial del movimiento obrero se produjo directamente por la ausencia de Dios, es decir, por la ausencia de los cristianos"*[8].

Esta realidad eclesial era a comienzos del siglo XX, semejante todavía a la de fines del XIX, influenciada además, por una casi exclusiva cosmovisión europea, continente que a juicio de san Antonio María Claret, *"La vieja Europa cada día se pone peor"*. Coincidente con su santo conteporáneo John Henry Newman, que añade: *"Y no sólo Europa, sino todo gobierno y toda civilización por todo el mundo, que está bajo la influencia del espíritu europeo"*. Por otro lado, al mismo tiempo, afirmaba Claret que en Latinoamérica, a la que llamó *"Continente de la Esperanza"*, tal vez por su experiencia en Cuba y adelantándose en más de cien años a san Juan Pablo II: *"... hay un campo muy grande y muy feraz y que con el tiempo saldrán más almas para el Cielo de la América que de Europa; esta parte del mundo es como una viña vieja que no da mucho fruto y la América es viña joven"*[9].

A pesar de este clima, Pieter van der Meer no sólo descubrirá a Dios a través de su propio misterio personal, sino que se decidirá por él, sin negociar con el mundo, a riesgo de pasar, en aquel entonces, por fósil o procedente de épocas pasadas. A no ser que llegase, como llegó él, a descubrir que en el fondo lo que estaba en desaparición no era el cristianismo, sino una forma histórica de ser cristiano. Esta situación comenzaría a revertirse poco a poco con sus altibajos, luego de la

---

[8] Citado por H. U. von Balthasar en *¿Quién es un cristiano?*, E. Guadarrama, 1967, 63.
[9] Cfr. G. Randle sj, *Discernir en el desconcierto,* Una experiencia: Claret 1807-1870, Publicaciones Claretianas, Madrid, 1993.

primera guerra mundial y sobre todo a partir de la segunda mitad del siglo XX, concretamente a partir del Concilio Vaticano II, finalizado cinco años antes de la muerte de Van der Meer.

Una forma de ruptura entre Dios y el hombre la constituía el ateísmo dicho o, mejor aun, antiteísmo. Según este no existe Dios, ni se acepta ninguna expresión religiosa, por tanto, no existe tampoco ningún orden inmanente del Universo; el mundo, el hombre, la sociedad, pierden sentido y son por esto igualmente caóticos. Es una concepción que conduce a mantenerse al margen de todo trato con el Universo y a movilizar en cambio, todas las fuerzas del hombre para el aumento de la confusión, la desmoralización y la desautorización de quienes se oponían al mismo. A fines del siglo XIX decía san John Henry Newman acerca de la confusión reinante, que *"Nunca ha habido una estratagema del Enemigo ideada con tanta inteligencia y tal posibilidad de éxito"*[10]

El hecho de que el hombre se cerrara de esta manera a Dios se debía a un error teórico. O como dice Franz von Baader: *"Todo ateísmo parte de una falsa confusión o de una falsa separación entre el Ser creador y el ser creado"*. En otros términos, se debe a la soberbia de la razón humana que se cree autónoma y autosuficiente.

La confusión a la que hace referencia Von Baader nos ayudará a comprender y a valorar, a lo largo del proceso de Van der Meer, la necesidad perentoria que tuvo del ejercicio del discernimiento, a fin de alcanzar la libertad interior para poder encaminarse con sentido en la vida.

De la confusión y sin-sentido que lo encerraba en sí mismo, lo salvaron, por un lado, el descubrimiento de la trascendencia a través de la belleza y, por otro lado, la legítima pregunta existencial por dicho

---

[10] J. H. Newman, *Biglietto Speach,* 1879, con motivo de su nombramiento como Cardenal.

sentido, constitutivo irrenunciable de toda existencia humana, cuya profundización lo remitió por último a Dios y él a los demás. La conquista de este sentido de vida se realizó a través de varios ataques que sufrió contra el mismo. Sin embargo, dichos ataques le ayudaron a discernir, poco a poco, la inautenticidad y la autenticidad del sentido verdadero, hasta llegar a emerger como algo nuevo y divino. Esta íntima conflictividad, vivida entre los años 1907 y 1911, fue por otra parte, señal de una auténtica vida interior, que hemos tratado en lo posible de rescatar mediante un enfoque y tratamiento desde el nivel de realidad más hondo de la persona humana, el del espíritu, que no sólo no admite encierro alguno, sino que es sinónimo de libertad interior.

Al mismo tiempo, a nivel de la cultura, el mundo de la pintura artística contemplado por él en París en esos años efervescentes, reflejaba lo que pasaba en su mundo interior. En efecto, el sentimiento de la existencia expresado en la pintura, sobre todo en la surrealista, era la angustia, reflejo de un encierro existencial asfixiante, que a veces se hace visible en la fascinante vacuidad del espacio o en motivos como son la pesadilla o la narcosis. Un mundo, en fin, acelerado en la caída vertical del hombre y del Arte. La que Nietzche había percibido ya un año después del nacimiento de Van der Meer, cuando escribió su fragmento *"El hombre insensato"*: *"¿No nos estamos cayendo sin parar? ¿Hacia atrás, hacia los lados, hacia delante, hacia todas partes? ¿No erramos acaso por la nada infinita? ¿No sopla en nuestra cara el espacio vacío? ¿No sentís que hace más frío?"*. En efecto, el hombre perdió el centro de la vida en el espíritu, las bases de su equilibrio humano y de su relación con el Universo. Con esto no expresamos menosprecio por el arte de esa época, sino que éste en general, aun todavía hoy expresa a través de un arte descentrado e insatisfecho, la pobreza interior del hombre actual.

Van der Meer captó bien este drama en su Diario. En parte del mismo, fue como dirigirse a los artistas de la época, al expresar su deseo de *"indicar a algunos hombres, que caminan errantes y buscan y se consumen de sed, la fuente de agua viva que corre allí mismo, delante mismo de sus pies heridos, fatigados de tanto vagabundaje"*.

Mientras tanto, acerca de su propio mundo inetrior ¿Cuál era su panorama el año 1907? El que bien conoció y describe León Bloy: *"un alma que nada sabe de Dios, que ignora su Rostro, pero que comprende que su existencia es necesaria, y comprende asimismo la necesidad de que, no pudiendo ser huérfana de la Nada, sea Él quien la haya concebido y dado a luz"*. Un comprender su existencia y necesidad que hizo de Pieter Van der Meer la paradoja concreta de un ser que, como dice el teólogo Jean Mouroux al hablar del ser humano en general, es *"magnífico por su creación, miserable por su caída y, sobre todo, admirable por su redención"*. Paradoja que en fin, revela en Van der Meer ese mundo interior que es la vida en el Espíritu, manifestada en él de manera elemental, como sinónimo de lo vital, con espontaneidad y frescura.

4. LA LIBERTAD:PALABRA SEÑERA EN VAN DER MEER

Deseamos abordar antes de proseguir, el tema de la libertad, porque es *"una de las palabras señeras del cristianismo de Van der Meer"*, según Michel Carrouges. En efecto, su conflictivo itinerario interior, gira en el fondo en torno a la libertad. Más aun, creemos que la libertad es el corazón de su Diario, la llave hacia la comprensión de su modo de ver el mundo y la necesiad de salir de su encierro interior. Al comienzo la confundió con la arbitrariedad o abuso de la misma, hasta el punto de estar dispuesto a todo sufrimiento, a la locura, con tal de sentirse libre. Sin embargo, a la vez buscaba en el fondo la libertad última y auténtica.

En esta búsqueda, Van der Meer siguió con trabajo la búsqueda del camino de la libre aceptación de aquella Verdad Primera que lo haría definitiva y verdaderamente libre. Este camino no fue recto ni llano. Por él vagó al principio, seducido por la luz engañosa que lo atraía a tinieblas mayores. Fue un camino largo; que no conoció la línea recta para ascender. Fue un camino con dificultades. En él tuvo que sufrir las amargas desilusiones y adversidades del amor hacia los objetos contingentes, corruptibles e indignos. A lo que se sumó no advertir los favores que Dios le enviaba durante esa andadura. Ellas estaban en todo aquello que simplemente le hacía bien y no lo forzaba a nada, sino que se le ofrecía como ayuda a la espera de una respuesta consciente y libre.

Mientras tanto, llegó a experimentar en sus comienzos, por los caminos de la arbitrariedad, de la autoafirmación y de la autosuficiencia, que por ahí no podía ser libre, más aun, entendió que por este camino se llegaba a las mayores violencias, como dice uno de los personajes de Dostoyevski: *"Partiendo de la libertad ilimitada acabo en el despotismo ilimitado"*. Y Van der Meer no estaba dispuesto a esto de ninguna manera.

Así pues, en lugar de concebir a Dios como rival, lo fue aceptando como el compañero y presupuesto de su auténtica realización. Por consiguiente, experiencia de Dios y experiencia de sí no sólo no se opusieron, sino que, como dimensiones fundamentales de su propio misterio, se complementaron de manera admirable. De hecho, la historia concreta de la experiencia del paso de la confusión interior a la libertad en el Espíritu, gracias al discernimiento, fue asimismo sin saberlo, la historia de una originaria experiencia de Dios.

Sin embargo, anidaba en él un pensamiento insensato, como era creer que pudiera comprometerse de manera consciente en el camino del mal, para recibir tanta satisfacción como fuera posible y arrojarse a continuación al seno del bien. Había en esa creencia un estado espiritual inmaduro e indigno, una argumentación desprovista por completo de seriedad. Ella provenía no de la libertad, sino de la arbitrariedad, que no quería saber nada de lo sagrado, nada de limitaciones. Era por tanto lo suyo, un humanismo ateo, o más aun, un antiteismo o lucha contra toda creencia religiosa, de donde se seguía que si Dios no existe, si el mal es un efecto sin causa, si el hombre mismo es un "dios", entonces todo quedaba permitido. En otras palabras, la revuelta contra Dios lo llevaba necesariamente a la confusión y a la arbitrariedad, que son la destrucción de la libertad que tanto amaba y le planteaba su problema de fondo, cómo salir del encierro en sí mismo hacia él y los demás.

De esta desarmonía interior que lo confundía y desconcertaba lo salvó más tarde comenzar por creer que el alma es inmortal, con motivo de la muerte de su madre. Así lo narra más tarde, al final de su último libro escrito en 1969[11]. Mientras tanto, el año 1908 en Roma, decía al respecto: *"Todo esto... me afecta, pero no me es posible creer en ello"*, esto quería decir que era conmovido sólo en lo intelectual, sin llegar a ser capaz de tomar una decisión existencial, que de todas maneras de momento tomaba, pero mal. El asunto pendiente y fundamental por tanto, era observar hacia dónde lo llevaban las decisiones o cuál era el sentido de las mismas, o sea, discernir lo que pasaba por su alma para ser libre y no esclavo de la confusión. Al final de su proceso de conversión, el camino de la autentica libertad será el camino del Van der Meer nuevo del mundo cristiano, donde ya no temió el infinito, el ilimitado contenido en la vida, sino que por el contrario, se abrió confiado a la libertad en el Espíritu.

---

[11] P. Van der Meer de Walcheren, *Fais l'univers nouveau* (1969), traducido al castellano como *"La verdad os hará libres"*. Publicado por Ediciones Carlos Lohlé, Buenos Aires-México, 1976. Una obra donde de paso, se ve que Van der Meer no estaba hecho para la teología.

5. AÑO 1907: ¿ADÓNDE VOLVERME?

Estamos en Holanda, a fines de otoño de 1907. La paradoja y el misterio del ser humano se comenzó a revelar en sí mismo como en el buen samaritano, a través de la experiencia de otro: *"Hoy he estado durante todo el día en casa de un anciano, desde alrededor de las nueve de la mañana hasta las ocho de la noche. Durante esas once horas el anciano me ha estado contando casi sin interrupción toda su vida. Me parece una pesadilla... Me he asomado a los más profundos hondones del alma humana".*

Esta experiencia hizo que *"se fuese apoderando de mí como una angustia"*, que motivó sin embargo la positiva pregunta: *"¿a dónde volverme?"*. Fue así que se abrieron dos caminos u opciones de vida y comprendió que *"la vida que a mí me parecía tan hermosa, se me cae de las manos y se hace añicos. Me siento profundamente desgraciado"*. O sea que en la pregunta intuyó tácitamente que había otro modo de vida mejor adonde dirigirse, otra posibilidad que la de la angustia. En otras palabras, comenzó a deliberar en orden a discernir adónde era mejor volverse, si hacia lo que conducía a la angustia o a su contraria, la paz interior. Esta crisis desenmascaró su vulnerabilidad y expuso las falsas seguridades en las que basaba su vida. Fue por tanto, el momento de hacer memoria y la primera parada que lo rescató de la mundanidad. La segunda será más adelante, la que se impuso al reflexionar sobre la muerte de su madre.

El primer paso hacia la búsqueda de la paz interior, fue aquél entrar en sí mismo, *"a los más profundos hondones del alma humana"* y al hacerlo, contrastó lo que pasaba por ella. Por un lado, se sintió invadido por la experiencia de que en dicho anciano, *"mi semejante, me siento humillado, contaminado, envilecido"*. Pero, por el contrario, se preguntó sorprendido: *"¿No caminamos ya erguidos como dioses, aureolada la frente con el esplendor de nobles pensamientos? ¿Ha dejado de reflejarse en nuestros ojos la luz del cielo?"*. Intuyó de este modo nuevamente dos caminos: el contaminado por la mundanidad y el de la dignificación de la persona. Esta contraposición lo condujo a caer en la cuenta de que debía *"utilizar mi entendimiento, debo razonar fríamente"*, es decir, enfrentarse y reflexionar acerca de las disyuntivas que le presentaba la vida, a fin de discernirlas y tomar las decisiones que le permitiesen encaminarse con sentido en ella. Aquí se abre un largo proceso, comenzado con la entrada en sí mismo, seguido por el discernimiento de lo que pasaba por su alma y acabaría recién cuatro años después, al verse liberado de confusiones y poder tomar una decisión.

Dicho proceso implicaba por tanto, tres pasos: advertir lo que pasaba por su alma, diferenciarlo y tomar decisiones. Estos resumen la tarea que presentaban los años sucesivos. A través de ella comprendió, poco a poco, que de no encararla corría el riesgo de confundirse cada vez más, y que por el contrario, realizarlo sería sin duda una ayuda fundamental.

Esta tarea no le fue fácil, porque el parámetro con relación al cual diferenciar o discernir, era al comienzo su confundido yo, que le impedía salir de la confusión en que estaba inmerso. Es por esta carencia que así razonaba: *"¿Por qué ha de ser repugnante y malo lo que ha hecho ese hombre? ¿Contra qué, contra quién ha pecado?"*. A su vez esta falta de parámetro, con relación al cual cotejar sus hechos, lo llevaba a protestar: *"Pero ¡si eso es una estupidez para quien ignora qué es el bien y qué el mal!"*. Más aun, lo conducía a afirmar su propio desconcierto: *"Efectivamente, yo no creo en nada. No puedo, por lo tanto, condenar a ese hombre ni sus actos. ¿Y en nombre de qué o de quién podría hacerlo?"*.

De esta manera, su propio entendimiento lo puso contra la pared, al constatar que al carecer de dicho parámetro, no podía discernir nada para salir de la confusión. En su carencia y confusión, se preguntó: *"¿Por qué había de haber obrado de otra manera, si le ha venido en gusto vivir de la forma como lo ha hecho? Todo está permitido. Lo sé muy bien. ¿No he pensado yo por ventura cosas abominables y no me he recreado en tales pensamientos e imágenes? Y cada cual es libre de hacer lo que mejor le cuadre".* Pero ser libre no es ser arbitrario o antojadizo, no es hacer de manera indiscriminada cualquier cosa, andar "errabundo", como nos dirá más adelante, sino marchar con un sentido en la vida.

Como consecuencia de esta manera arbitraria de pensar y consecuente con su "parámetro" hecho de su propio querer, interés y sensualidad, manifestó así su encierro existencial en sí mismo: *"Lo único que hace falta es valor para conseguir, por encima de todo, la satisfacción de nuestros deseos. El hombre no debe dejar que un criterio timorato y mezquino le imponga limitaciones. ¿Ante quién o ante qué es responsable de sus actos? Ante nadie ni ante nada. Ya que nada hay por encima de él".*

Es así cómo en su autosuficiencia fruto de su encierro concluyó: *"Ese hombre tiene razón y yo no. Todo está permitido. No hay límites. No existe ni el bien ni el mal. Todo está permitido".* Algo así como quien al estar delante de un plato de comida fresca y otro en mal estado dijese ser lo mismo servirse de uno u otro. Este relativismo manifestaba su confusión interior, fruto del encierro en sí mismo y del que se seguía uno de los problemas fundamentales del ser humano: mentirse a sí mismo, de donde se siguen todos las demás tergiversaciones de la realidad.

Fue aquí, sin embargo, que al recapacitar desde el hondón de su alma, experimentó una contraria y positiva moción que venía de fuera, es decir, que no salía de él. Se trataba de un *"impulso hacia lo alto, hacia lo noble y lo puro"*. Este revelaba que al no salir de él y ser noble y puro, era referible a Dios. Por otro lado, experimentó que lo sofocaba. Fue entonces que se preguntó *"¿por qué sofoco en mí el impulso hacia lo alto, hacia lo noble y lo puro?"*. Al hacerlo, fue una manera de reconocer una lucha interior. Cuyo sofocar no era ciertamente de Dios, al oponerse a lo alto, noble y puro y mucho menos el juzgar de estos valores como si fuesen *"¡Predisposiciones hereditarias! ¡Prejuicios atávicos!* Lo que sí importó en cambio, fue la positiva reacción y juicio final, al decir que lo que llamaba prejuicios, sí eran "*Cosas que he de desarraigar de mi ser, pues no responden a ninguna realidad"* y por tanto, no eran de Dios, sino del adversario que lo sacaba de ella.

En otras palabras, lo importante fue comprobar que sofocar dicha moción hacia lo alto lo perjudicaba al nivel más profundo del espíritu, revelador de lo que realmente pasaba por su alma. Este nivel fue lo que de manera intuitiva conjeturó al decir: *"No obstante, en lo más profundo de mi corazón siento la sospecha extremadamente frágil de que tiene que haber algo eterno, ahí fuera de nosotros... pero ¿qué es?"*. Este nivel del espíritu, o *"lo más profundo de mi corazón"*, le ayudó a discernir por contraste que lo mejor estaba en la moción que lo incentivaba hacia lo alto, y no en la que lo sofocaba, aunque todavía este incentivo era en él *"extremadamente frágil"* como para tomar una decisión..

Ahora bien, se trataba efectivamente de tomar una decisión por una de las dos. Para ayudarlo, venía ese *"algo eterno"* por el que preguntaba *"¿qué es?"*, presente en el pensamiento que venía de fuera y lo movía *"hacia lo alto, hacia lo noble y lo puro"*, un modo delicadísimo de emerger Dios en su vida, de quien Pieter en ese momento, como decía León Bloy, nada sabía e ignoraba su Rostro. Sin embargo, esa manifestación, era sólo referible a Él, por su sentido positivo hacia lo alto, noble y puro.

Vemos así que Van der Meer, en su viaje hacia el mundo interior, comenzó por ser confrontado con agitaciones de estados de ánimo opuestos, que por lo mismo, le brindaron la posibilidad de comenzar a discernir para ser libre y no esclavo de confusiones, a fin de poder descubrir el camino de salida de su encierro interior *"hacia lo alto"*.

6. CAMINAR ERRABUNDO

Prueba de la confusión interior que lo embargaba ese año de 1907, fue que al sofocar de manera indiscreta *"el impulso hacia lo alto"*, comenzó a marchar, *"errabundo por mi propia alma, como un proscrito"*.

"Tal es", como dice Bloy al referirse a la niñez de Van der Meer, el reflejo y resultado de, *"el pavoroso desamparo en que se encuentra un hombre superior a quien no le mostraron a Dios, pero quien siente repugnancia ante la mediocridad, y nada espera de los filósofos, ni siquiera de los artistas - a no ser la decepción y la burla - hasta la hora maravillosa en que nuestro Señor, revelándosele súbitamente, le libra de su viejo corazón. Y yo os digo, una vez más, que es angustioso y magnífico descubrir tales cosas en el Diario"*. Mucho más cuando el descubrimiento se produce desde la experencia de la vida en el Espíritu y se desentraña en profundidad lo que pasó por su alma.

A su infancia, en efecto, le había faltado el calor de la contención de una vida de fe, y en consecuencia, el parámetro con relación al cual poder discernir. Sin embargo, al menos su espíritu trascendente, más aun, su instinto de Dios en la búsqueda de lo excelso a través de la belleza, lo salvó del sin sentido de la vida.

Como resultado de dicho vagabundeo y desamparo, decía: *"Siento un gran temor no exento de amargura"*. Este sentimiento de temor, que con su agregado de amargura deja en claro que no era de Dios, lo condujo a sacar una conclusión que lo perjudicó aún más: *"Lo mejor será no pensar más, no buscar más, vivir francamente libre de esa continua tortura de formular pregunta tras pregunta sin obtener jamás contestación, vivir como un hombre-animal satisfecho".* El error partía de creer que a los sentimientos se los canaliza negándolos (no pensar, no buscar, no preguntar), en lugar de enfrentarlos y diferenciarlos de los positivos contrarios, para ver entonces qué era mejor hacer. ¿Pensar o no pensar más? ¿Buscar o no buscar más? ¿Formular preguntas o callar? ¿Vivir como persona humana o como hombre-animal satisfecho? ¿Adónde conducían sus negaciones? ¿En qué terminaban? ¿Cómo lo dejaban? ¿Lo beneficiaban o perjudicaban? Lo importante de la pregunta y de la respuesta a estas preguntas está en que lo mejor es de Dios.

Su negativa en cambio, a formular este tipo de preguntas era renunciar a la prudencia, es decir, a la disposición que le permitiese deliberar de manera correcta y más allá de lo moralmente bueno o malo, qué era mejor para él en su situación concreta y no en abstracto, a fin de actuar en consecuencia.

En segundo lugar, su negativa a formular las preguntas dichas, era renunciar al constitutivo irrenunciable de toda existencia humana, como así también paradójicamente, a la libertad tan querida por él, por cuanto el hombre es un ser formulador de preguntas, y de quien, con toda razón, puede decirse que preguntar responde a su más auténtica estructura ontológica.

Por tanto, mal comprenderíamos la compleja realidad del hombre y por ende la de Pieter Van der Meer, si pasáramos por alto el talante interrogador, por cuanto *"La interrogación* - afirma Levinas - *no es un atributo cualquiera, adjetivo de la sustancia humana, sino la manera, la modalidad, la adverbialidad del ser que tiene ser"*[12]. Interrogar o preguntar nace por tanto, como algo propio y legítimo, de lo más hondo

---

[12] E. Levinas, *"Limitación sin inquietudes"*, en Conc 113 (1976) 384.

del ser humano, de su capacidad para reducir todo a pregunta y para quien todo es cuestionable. *"El preguntar ilimitado* - indica Alfaro - *constituye la dimensión ontológica fundamental del hombre"*[13]. En efecto, ese preguntar sin barreras del que nada se libra, es *"la cuestión más originaria, la más existencial, la más vitalmente radical dentro del hombre mismo, la que está implícita en toda otra cuestión como condición de posibilidad de todas ellas"*[14]

En cambio, la consecuencia de la actitud negativa de no pensar, de no buscar, de no preguntar, era perjudicial en lo más profundo de Pieter. Esto quedó confirmado en el hecho de que reconocía en su negativa que: *"Lo desesperante es que puedo estar de acuerdo tanto con una cosa como con la otra"*, es decir, oscilante entre el pensamiento negativo y su contrario. Oscilación que él describe como un *"dilacerante dolor del desgarramiento, esa sofocante sensación de no saber ya a dónde volverse para recobrar la sanidad de mi mente"*, hasta tanto no discerniese lo que pasaba por su alma, para ser libre y saber adónde volverse.

A este panorama ciertamente confuso, se sumaba el hecho de que, *"me complazco en la turbulenta complicación y al mismo tiempo siento anhelos por la más acrisolada simplicidad"*. Esta morbosa complacencia era la que lo sacaba de la realidad y le impedía discernir con claridad de qué espíritu eran la complicación y la simplicidad.

Si bien esta lucha de mociones contrarias era señal de vida interior, su falta de discernimiento retardaba ciertamente su madurez en el espíritu: *"¡Bah! ¡Déjenme jugar sonriente con la vida! Es la única manera de escapar a la desesperación"*. Además demostraba sin duda una vez más, su ignorancia de que a los sentimientos se los canaliza aceptándolos y encarándolos y no escapando, ni reprimiéndolos, porque

---

[13] J. Alfaro, *Revelación cristiana, fe y teología*, Salamanca, Sígueme, 1985, 13.
[14] J. Alfaro, *"La cuestión del sentido y el sentido de la cuestión"*, en Grez 66, (1985) 389.

entonces se les da mayor poder destructivo o se los lleva uno irremediablemente consigo. La paz y libertad interior, en cambio, la hallaría en la medida que los encarase, discerniese y tomase decisiones para encaminar su vida.

Veinte días más tarde, constató aún que *"mi espíritu está demasiado desgarrado por la duda y las preguntas eternas"*. El motivo del desgarro era una vez más el hecho de no detenerse y discernir entre qué cosas dudaba para salir de la confusión y decidirse por las positivas. Más aun, para ver en profundidad, que el problema no estaba en la duda sino en la desconfianza con Dios.

Fue de gran ayuda en esas circunstancias una lectura apropiada para fortalecer su ánimo, como fue en su caso *"Los hermanos Karamasov"* de Dostoyevski: *"Yo ya conocía este espléndido libro, pero ahora está haciendo mella en mi ánimo con renovada violencia. ¡Cómo se siente en este genial escritor el enigma de un alma humana, la zozobra de la vida y la desesperada búsqueda de una redención!"*. La que siempre en todos los casos, fundamentalmente es salir del encierro en nosotros mismos hacia Dios, es decir, hacia el servicio a él en los demás.

Mientras tanto cuenta de manera espontánea, que el 10 de diciembre de ese año 1907, *"Hemos recibido la visita de dos idiotas presuntuosos, gente muy mundana, claro, a quienes nuestro mundo interior se les antoja singularísimo"*. Pieter quedó a tal punto estupefacto y mareado con *"la vaciedad de sus opiniones y asertos"* que, *"he terminado por no comprender a punto fijo qué es lo que he venido a hacer en esta vida"*. Por el efecto negativo de la visita quedó claro de qué espíritu eran los argumentos de aquella gente, que los llevaba a pensar que *"a veces la vida se me antoja una tragedia absurda"*. Pronto, sin embargo, reaccionó de manera positiva preguntándose con sentido común: *"¿Y nuestro amor, Cristina mía? ¿Nuestra dicha y Pieterke, nuestro hijo, que va creciendo? ¿Por qué esta belleza - pues debo reconocerlo: ¡es inefablemente hermoso! - no colma de delicias mi ser y no queda ya sitio en él para las crueles preguntas, para esta sola pregunta dilacerante: por qué existimos?".* Porque esta belleza, aunque inefable, es sólo un reflejo de la fuente divina de donde procede y señala, más que el por qué existimos, el "para qué", que es alabarlo, adorarlo y servirlo en los demás.

Fue por esto que al inquirir a fondo e ir más allá del "por qué" y preguntarse cuál es el sentido de la vida, de la propia misión en ella, desembocó poco a poco en Dios y en los demás, puesto que, en profundidad, la experiencia del sentido apunta hacia una dimensión trascendente y encarnada en el mundo al mismo tiempo. Esta era la cuestión prioritaria sobre cualquier otra, ya que al margen de Dios se sentía incomprensible, se hundía en su propia fragilidad. Más aun, como Jonás, caía en un callejón sin salida siempre que huía del encuentro con Él, y cortada la relación personal, naufragaba miserablemente como el profeta.

7. AÑO1908: DE LA TRASCEDENCIA A LA FE.

El 20 de enero de 1908 al proseguir su indagación sobre el sentido de la vida, experimentó un nuevo acicate: *"Mi atención siente el apremio de escrutar las profundidades".* Por el contrario, fue tentado con un pensamiento negativo acerca de la vida: *"se me figura un caos doloroso"*, y sacó la fatal conclusión que *"todos estos sufrimientos, todas esas no interrumpidas y luctuosas torturas carecen de sentido".* El espíritu negativo presente en estos pensamientos quedó patente, por un lado, en el efecto que provocaron en él y su mujer: *"nos angustian a Cristina y a mí"*, y por otro lado, patente también en el lenguaje extremo y sin matices propio del mal espíritu: *"todos... todas... carecen de sentido".* Lo importante era, por tanto, discernir estos pensamientos para no engancharse con ellos, dialogando con quien no hay que dialogar, y seguir en cambio al buen espíritu referible a Dios, presente en su "*apremio de escrutar las profundidades*".

El 16 de febrero, como resultado de esta indagación: "*Experimento el gran desconcierto que causan la vida, y todo se convierte en una maravilla indescifrable, profundamente misteriosa*". Desde este hondo y arcano abismo se preguntó maravillado: "*¿Quiénes somos en el fondo nosotros, los hombres? ¿Quiénes somos, pues, que, insatisfechos incluso ante toda esta delicia, nuestros anhelos nos empujan más y más y nuestros sueños atisban eternos mundos inaccesibles?*". Estos anhelos, y no simples ideas, no hacían otra cosa que manifestar la inquietud trascendente del ser humano, que a su vez lo topaba con lo sorprendente, inabarcable y misterioso que era él mismo, y la posibilidad al mismo tiempo de aproximarse al misterio.

El 25 de marzo continuó con su pesquisa: "*¿Por qué no hemos de sentirnos satisfechos con lo temporal, lo limitado, lo finito? ¿Por qué busca mi espíritu lo infinito, lo eterno?*". Porque al formular la pregunta por el sentido del ser humano, emerge su horizonte infinito. Al mismo tiempo, como prueba indirecta de ser sanas estas inquietudes, provocaron el asalto del adversario, quien lo atacó con pensamientos contrarios: "*es una necedad abrigar el continuo deseo de penetrar en las profundidades como si en aquellas tinieblas cupiera encontrar la solución. Es perder el tiempo*". Confundido y desalentado por este mal espíritu, dio sin embargo un paso positivo al preguntar: "*¿cómo evitar que me asalten los interrogantes, que ande siempre en la búsqueda de una contestación que me satisfaga por completo?*". Para ello era bueno tener presente que evitar los interrogantes que lo asaltaban de fuera no estaba en su mano, pero sí en cambio, discernirlos para aceptar los positivos y rechazar los negativos, eso sí estaba en su mano, y de esta manera la posibilidad de liberarse de la confusión.

No significaba esta búsqueda, por tanto, de ninguna manera *"perder el tiempo"*, sino que era precisamente el momento de discernir el sentido de dichos interrogantes, a fin de hallar lo que buscaba. Además, estos eran señal de que había vida interior y no desastre alguno, en el que creía estar sumergido. Este engaño lo llevó a preguntarse: *"¿No es esto una vertiginosa ridiculez? ¿No es para aullar de angustia y refugiarse en la muerte? Seguí hablando, poseído por la dolorosa voluptuosidad de destruirlo todo".* En esta voluptuosidad de destruir quedaba al descubierto el "homicida desde el principio" (Jn 8,44), quien hizo que su mujer Cristina, al terminar de escuchar a Pieter dijese, por el contrario, llena de buen espíritu: *"No puedo soportarlo, sollozó, no puedo soportarlo. Lo has destruido todo. Pero no es posible, eso que dices no es verdad, no puede ser..."*

Casi un mes después, el 17 de abril, de regreso en barco desde Inglaterra, dio una señal de crecimiento interior que, a pesar suyo, continuaba dándose en profundidad: *"Siento intensamente que todo lo que me rodea es misterio. La mera contemplación no me satisface, mi alma se asfixia en lo invisible, quiero elevarla por encima de lo visible, pero no sé cómo... Siento que mi alma es en mí mayor que lo más grande y nada de lo que ven mis ojos, nada de lo que conozco es capaz de saciarla".* Este sentir intensamente el misterio en el que se veía envuelta su alma *"mayor que lo más grande"*, motivaba que nada de cuanto le rodeaba podía satisfacer en plenitud su hambre más profunda. Esto sería factible en cambio, mediante el paso de la trascendencia a la fe, motivado por su instinto de Dios. En otras palabras, el deseo de elevar su alma, sería factible a medida que, gracias a su deseo, terminase dejándose vencer por él y le dijese que sí. Esto es la fe.

Es por esto que intuitivamente se preguntó: *"¿Dónde puedo encontrar los radiantes jardines de la perfecta paz espiritual?"*, que *"es para mí como una mano que se posa suavemente sobre mi frente ardorosa"*. En efecto, porque la paz en el Espíritu, es Alguien, es Cristo, la paz encarnada.

Entre tanto, el conflicto interior, entre la melancolía y la confianza continuaba. Por un lado, la *"melancolía sigue haciéndome presa"*. Por el contrario, *"tengo confianza, me entrego, presiento que un día encontraré la solución armoniosa"*. Así es cómo con esta esperanza operante combatía la tristeza, y por medio del discernimiento de estos momentos sucesivos de desolación y confortación en el espíritu, iba logrando algo de fortaleza interior y aproximándose al hallazgo de esa paz interior tan buscada. En efecto, en esa confianza arraigaba la paz que comenzaba a dibujarse efectivamente como Alguien, ya que sólo puede alcanzarse por medio de la entrega total a él. Esta confianza, por momentos se hacía *"intensa"* y *"luego, súbitamente... toda esperanza parecía perdida..."*. Estos altibajos entre la intensidad de la confianza y la disipación de la esperanza, no eran más que señales de vida en el Espíritu. Lo importante era que descubriese en esos estados de ánimo contrarios, que unos lo ayudaban y otros lo perjudicaban, que unos eran de Dios y otros no, a fin de aceptar los primeros y rechazar los opuestos, en orden a tomar las decisiones correspondientes para progresar en su seguimiento.

A 23 de junio, con motivo de la experiencia de la muerte de un vecino, hizo eclosión el paso de la trascendencia a la fe. Este le ayudó a descubrir el sentido de la vida en la inmortalidad del alma: *"Decididamente, es una perfecta estupidez tomarse la vida en serio si no existe el alma"*. A continuaciónsu emergió espontáneamente su deseo profundo: *"¡Oh, poseer la indestructible seguridad de la fe!"*.

Este fuerte deseo era señal indudable de que el paso de la trascendencia a la fe seguía su camino, lento pero seguro. En otras palabras, el camino hacia una forma religiosa, no en el sentido de una vida cultual, sino en el sentido de la fe como decisión por Alguien con quien uno se religa. Sin embargo, se preguntaba todavía vacilante: *"¿Acaso las religiones no son más que un hermoso sueño, bellas mentiras consoladoras a las que el hombre se aferra ante la perspectiva de desaparecer tragado por la noche espantosa de la muerte? ¿Contienen una realidad o no son más que quimeras? Sigo perplejo ante los enigmas. ¿Dónde puedo encontrar la verdad?".* Desde ya que no era fácil encontrarla en la forma histórica religiosa del momento, como tampoco en los pensamientos hipotéticos tácitos de las primeras preguntas ("¿y si las religiones no son más que sueños y mentiras?") las que sólo tendían a quitarle la confianza en Dios, ataque que a su vez era señal indirecta de que esta iba creciendo. En efecto, el enemigo es astuto para engañar, pero a veces, como en este caso, era torpe, en el sentido de que al atacar, confirmaba indirectamente la existencia de una confianza, al menos en ciernes.

Tampoco encontraría la verdad en la conclusión del debate que el 1 de julio tuvo con S. y con otro, porque dicha conclusión sólo reflotó el pensamiento autosuficiente y superficial de que: *"No existen ni el bien ni el mal. Si se tiene una voluntad fuerte, irreducible, puede efectuarse cualquier acto, por muy monstruoso que sea; ya que a nada ni a nadie hay que dar cuenta de nuestras obras si no es a nosotros mismos".* Por un lado, era evidente que navegaba todavía de a ratos entre la falsedad y el engaño al negar la existencia del bien y el mal, mintiéndose a sí mismo. Por otro lado, era evidente la ausencia del Parámetro con relación al que discernir y al que de verdad debemos finalmente *"dar cuenta de nuestras obras"*, motivo por el que concluía con cualquier disparate.

La presencia del Parámetro era ahora urgente, puesto que constataba, cómo *"resulta curioso que el espíritu humano sea capaz de semejantes paradojas"*. La de que *"algunos hombres llevan a la práctica teorías nihilistas, mientras otros están absortos por completo en el amor por su Dios. Siento en mí ambas posibilidades".* Era este pues, su tiempo para ver, para elegir y para actuar. Pero el problema era, como dice Dostoyevski en *"Los hermanos Karamasov"*, que: *"El hombre prefiere la paz y hasta la muerte, a la libertad de discernir entre el bien y el mal"*. He aquí el desafío que se presentaba al amante de la libertad como era Pieter.

8. DESEO DE ALGO MÁS

Si bien dos meses antes había manifestado el deseo de *"poseer la indestructible seguridad de la fe"*, un mes más tarde, en Paris, continuó en su recia lucha interior con pensamientos desoladores y desanimantes: *"Yo no creo en nada. Yo vivo, sin más, soy espectador"*.

Sin embargo, en su visita a la catedral de Notre-Dame, se sorprendió a sí mismo, cuando vió renacer aquel deseo que lo llevó a decir en esta ocasión: *"admiro el catolicismo y siento deseos de conocerlo mejor"*. Lo importante y revelador de este deseo, fue que no sólo ayudó a salir de su escepticismo, sino que a partir de allí creció y se concretó: *"Mi atención se siente atraída con creciente interés hacia la religión católica"*.

Como resultado de este deseo y atracción, más la lectura de los escritos de la beata alemana Ana Catalina Emmerich, 1774-1824, mística y escritora, concluyó que *"la realidad visible no es la única. Debe existir un mundo del que no tengo el más ligero barrunto"*, es decir, que en el fondo diferenció dos realidades: la visible y otra de la que al menos reconocía no tener la menor idea y merecía prestarle atención.

Como ayuda para discernir y vislumbrar ese otro mundo, se sumaron sus *"anhelos por un cuerpo de doctrina a que conformar la vida"*. Estos merecían tenerse en consideración, porque manifestaban el deseo de algo tan importante, como es tener un parámetro con relación al cual poder ejercer un auténtico discernimiento.

Gracias a este atisbo de otra realidad que la visible y a su deseo de una disciplina que ordenase su mundo interior, captó por contraste y con un poco más de claridad el desconcertado y confundido mundo en el que estaba inmerso, sobre todo luego de una velada con amigos, en la que pudo comprobarlo y expresar: *"¡Qué caos de opiniones! ¡Qué pavorosa inquietud acosa a los hombres por todos lados!..."* Fue entonces que se preguntó, *"¿Dónde puedo encontrar yo lo fijo, lo inquebrantable, lo eternamente increado, lo inmutable?"* A continuación se cruzó un fugaz pensamiento hipotético que tendió a quietarle la confianza de hallarlo: *"¿O acaso no existe nada de todo esto?"* Fue cuando se preguntó: *"Entonces ¿por qué me es dado pensar en ello, por qué tengo que anhelarlo, cuando poseo ya la profunda dicha del amor? ¿O lo anhelo precisamente por eso?"*. Lo pensó y anheló porque existe el amor de *"lo eternamente increado"*, Dios-Amor, que trascendía su *"profunda dicha del amor"* y al mismo tiempo, le daba sentido como reflejo de ese amor increado.

9. UNA EXPERIENCIA DE LA VIDA EN EL ESPÍRITU

Así como el comienzo de este proceso de cambio se inició con la entrada en sí mismo, gracias al encuentro con aquel anciano en el otoño de 1907, así ahora su mutación interior operada en Paris se ahondaría al profundizar sobre *"lo eternamente increado"*. Esto ocurrió providencialmente cuando, al regresar de Holanda, su amigo T. de manera providencial lo invitó para ir por dos días al Monasterio Cisterciense de West-Malle, a lo que accedió inmediatamente. Uno de los días precedentes leyó el "Padre nuestro" en el evangelio de san Mateo, *"y en aquel momento supe, lo sentí como siento mi propia existencia, que es realmente verdad que Dios existe"*. En otras palabras, se sintió querido por el Hacedor. Este sentir fue un intuir desde la experiencia de la vida en el Espíritu la presencia que no se puede negar porque "está ahí".

Sin embargo,*"¿Por qué experimenté en tales instantes aquella absoluta seguridad y por qué después ha vuelto a desvanecerse?"*. Porque la vida es movimiento y la del Espíritu también. Por tanto, se suceden en ella alternativamente en pugna, momentos contrapuestos de claridad y oscuridad. Su pregunta indicaba aun la falta en Pieter, de una toma de conciencia de esta conflictividad. Percatarse de la misma le brindó más adelante la oportunidad, no ya de preguntarse por qué se daban esos momentos, sino cuál era su sentido y qué descubría en ellos, en orden a tomar decisiones.

Al llegar al Monasterio de West-Malle, penetró en aquella otra realidad vislumbrada, es decir, *"en un mundo desconocido, donde residía la paz... Me sentía extrañamente conmovido... al margen de todo lo que hasta entonces conocía como realidad... pero que había de ser hermoso en grado sumo... Nunca se me había ocurrido pensar que en nuestro tiempo existiese todavía semejante fenómeno; hombres que consagraban su vida a la oración"*. Además, lo importante fue experimentar desde el punto de vista eclesial, la realidad permanente de esta retaguardia en relación personal permanente con Dios, que ha sido y son los monjes desde el monacato primitivo de los primeros siglos en los desiertos de Egipto.

Al escucharlos entonar la "Salve Regina" antes del descanso nocturno, le llamó la atención *"lo trascendente de esta música"*, tan diferente a la de Wagner que le hacía "daño" y lo "desgarraba". Ya en su aposento del Monasterio, escribió: *"Trato de pensar. No comprendo ya nada de la vida. Si Dios no existe, si Dios no es más que una invención de los anhelos humanos, una ilusión creada por la desesperación que provoca la soledad ¿no es absurdo todo esto? En tal caso sería algo propio de idiotas, de dementes, algo incluso criminal lo que hacen estos hombres, es decir, aislarse, renunciar a los placeres de la vida y adorar y glorificar algo que no existe"*.

Estos pensamientos fueron aclarados "in situ" por su propia experiencia de paz interior, típica señal referible a la acción divina: *"siento yo el orden y la paz, la atención está fija en el mundo interior, en el alma, en lo eterno"*. Esto quedó más claro por el contraste que él mismo estableció, con *"lo que comúnmente se llama vida,... un caos, un febril acecho de lo exterior, un ansia incesante de satisfacer todos los deseos... Deseamos aturdirnos, en el fondo nos amedrenta el solo pensamiento de que todo es vano, porque la muerte está al término de todas las aventuras"*. Orden y paz, por un lado, caos, inquietud, ansiedad, aturdimiento y temor, por el otro. Elocuente contraste que dejaba al descubierto lo que es de Dios y lo que no.

A continuación retornaron una agitada sucesión de estados de ánimo contrarios. Los positivos trataban, *"sobre nuestro amor... sobre la belleza, sobre los monjes que descansan en este mismo edificio, sobre el poder de la fe"*. Los negativos en cambio: *"destruyéndolo todo, me asaltan de nuevo las dudas. En ninguna parte encuentro un asidero, hasta que de pronto pienso: la única seguridad de la vida es la muerte. Y con renovada violencia caen sobre mí los enigmas"*. La dificultad no estaba en las dudas, sino en la desconfianza. Porque así como eran fáciles de tratar y solventar las dudas en un plano teórico, no era de la misma manera, lo referente a la desconfianza, por cuanto tocaba lo atinente al encuentro y relación íntima y personal con Dios.

Como consecuencia de la vivencia de este conflicto interior, espontáneamente Pieter se preguntó: *"¿En qué mundo me encuentro? ¿Dónde está la realidad?"*. Así era como se hallaba en el mundo de la vida en el Espíritu y la realidad estaba en el discernimiento de lo que pasaba por su alma, y gracias a este, en la liberación de la confusión. Pero a causa de que ponía demasiado el acento sobre experiencias místicas y el deseo de un cambio instantáneo[15], no comprendía la dimensión muy humana y lenta que conlleva todo proceso de cambio interior.

A este cambio era invitado con ocasión del retiro en la Trapa, o sea, a recordar la importancia de las experiencias de la vida cuando pretendemos mejorar, las que lo invitaban a entrar más plena y profundamente en su humanidad con todas sus ambigüedades y no a apartarse de la vida real. Ellas lo ponían en contacto con sus límites, con su pobreza interior, con los ídolos que se inventaba. Al mismo tiempo que por aquí también, podía comenzar a desear el perdón y una vida más plena.

Fue al vivenciar esta realidad ambivalente, que se preguntó acerca de los monjes: *"¿Estoy yo en un error o esta gente son unos necios?... No soy capaz de decir lo que siento, es nostalgia y es dicha, y sin embargo es algo muy distinto de ambas... Comprendo cosas a las que no se dar un nombre... No puedo expresar con palabras lo que siento, lo que aun ahora brilla en mí como una suave y ardorosa claridad. Es otro mundo, un mundo desconocido".* De este mundo sin embargo, donde penetró al discernir entre "yo" y "esta gente", asomaron sentimientos clarificadores que no podía expresar, pero le ayudaban a descubrir cosas ignoradas, donde residía la realidad buscada. Era un conocer con el discernimiento como linterna de ruta, un modo de conocer sin pensar, al experimentar mociones internas contrarias y la relación que estas guardaban con Dios o no, a quien no debía confundir ni con sus dones, ni con el hombre, ni con su posesión, sino hallarlo en su búsqueda indirecta, por medio de todo lo que le hacía bien y le ayudaba a seguirlo más de cerca. Este conocer sin pensar no tenía nada que ver con un rechazo del pensamiento, sino con la apertura hacia otro modo de conocimiento, desde la experiencia de la vida según el Espíritu, la

---

[15] Como el pretendido por Pieter en la experiencia de hachis que haría el año siguiente con dos amigos.

que al presentar realidades contrapuestas, pedía con urgencia el papel importantísimo del discernimiento de las mismas.

Gracias a esta experiencia fue viendo lo que debía aceptar y lo que debía rechazar. En otras palabras, comprendió que la sabiduría y su ejercicio, el discernimiento de espíritus, consistía en un conocimiento "práctico" o en orden a tomar decisiones, no en comunicar ideas: *"Pienso en la fe y comprendo que hay que expulsar del espíritu la duda y toda pregunta vana".* En otras palabras, comprendió que la fe es una decisión por Cristo y que por tanto, debía lanzar todo pensamiento contrario. Pero a condición de no quedarse sólo en el rechazo de lo negativo, sino llenar con Él el vacío, o correr el riesgo de volver a lo anterior. Peligro muy frecuente en el neo-converso que sólo rechaza lo negativo y no afirma la vida de fe con obras.

Al mismo tiempo experimentó *"algo así como si una voz"* le dijera: *"El espíritu sabe cuándo ha de penetrar en tu corazón. Espera".* Lo importante de esta "voz", más allá del "origen" (psicológico o sobrenatural, inconsciente o subconsciente) de la misma, fue captar el sentido y efecto que tuvo en su vida una vez hecha conciente. O ayudaba y era de Dios (en el camino del bien) o desayudaba (en el mismo camino) y no era de Dios. En el presente caso fue claro el efecto beneficioso que tuvo, al hacerlo crecer en la confianza y la esperanza.

A su regreso de la Trapa y al tratar de explicar a Cristina lo vivido allí, ella *"lo ha comprendido todo"*, porque a diferencia de Pieter, ella abrigaba la semilla del sacramento del Bautismo en la tierra de su alma que le ayudaba a comprender. A partir de aquí, no le fue difícil a él creer que bajo lo vivido en la Trapa *"no haya una realidad inquebrantable que se identifique con un mundo cuya representación es incapaz de forjar la imaginación humana".* Así fue cómo descubrió que la realidad firme buscada, estaba más allá de la razón, sobre todo cuando esta carece de la luz de la gracia, y sí en cambio, en la sobrenatural de la fe, encarnada en la comunidad del pueblo fiel y peregrino de Dios.

10. "¿ACASO ES DIOS?"

La firmeza y consistencia de la *"realidad inquebrantable"* vivida en la Trapa, reapareció en lo profundo de Pieter en forma de hondos deseos nacidos de la experiencia de la vida en el Espíritu descubierta allí y también con motivo de un viaje a Italia, que tuvo efecto en septiembre de 1908, con Cristina y su hijo Pieterke. Allí, como había acontecido en Notre-Dame, aquellos se profundizaron al contemplar el arte medieval en Florencia. Este *"despierta en mí hondos anhelos... ¿Acaso no se reflejan estos anhelos, esta gloriosa nostalgia, en el arte de la Edad Media, en la arquitectura de las iglesias y en los frescos, en los himnos y en los cuadros, en la música?... Este arte arrebata más y más mi espíritu, barrunto cosas a las que no sé dar nombre, me revela un mundo, no sé cómo decirlo; algo análogo experimenté ante la liturgia".*

A estos deseos y elevación del espíritu se siguieron otros contrarios: *"de pronto... una angustia, por poco se derrumba el palacio de mi alegría".* Esta aflicción lo llevó a desconfiar que todo se debiera a una *"quimera"*, alimentada con *"la mera belleza exterior"* que observaba. Al no rechazar este pensamiento hipotético, la angustia creció y fue llevado a preguntarse: *"¿No se puede aplicar también esto a todo el Catolicismo, es más, a todo el Cristianismo?".* En esta pregunta estaba implícita la siguiente hipótesis: "¿y si el cristianismo es una quimera?", cuyo sentido era claramente quitarle la confianza en Dios. Pero lo más grave fue que aquella angustia pretendió desplomar la alegría interna causada por el tesoro que estaba hallando y lo capacitaba para responder a los hondos deseos que llenaban positivamente cada vez más su espíritu.

Para afianzar esta alegría interna se sobrepuso a los pensamientos hipotéticos con pensamientos positivos: *"No quiero analizar más, no quiero destrozar mi emoción y mi alegría... Mi espíritu tiene hambre de la verdad, hambre de algo que no sé qué nombre darle pero que pueda saciarle por completo".* Esta verdad, hambreada hondamente, era esa *"realidad inquebrantable"* vivenciada ya en la Trapa, que se hacía presente una vez más y a cada instante. Esta persistencia era señal de algo serio y digno de tenerse en cuenta, motivo por el que con razón se preguntó, *"¿Acaso es Dios?... No sé, no sé... ¿Qué es Dios en realidad para mí? Una palabra, una palabra vacía, un sonido fofo que no contiene la más mínima realidad".* Lo que ocurría es que todavía no había entrado suficientemente en sí como para percatarse que todas las cosas que en la experiencia de su vida le habían hecho bien y ayudado, eran señales referibles a su acción.

A la vez, su pregunta lo movió a profundizar y discernir esa acción en sus anhelos, su nostalgia, sus preguntas y su búsqueda. Fue cuando se detuvo a reflexionar y deliberó de la siguiente manera: *"Pero vamos a ver: ¿Quién, desde dónde se infunden en nosotros los anhelos por lo más excelso, esa nostalgia infinita?... ¿Quién o qué ha puesto en nuestro espíritu esas eternas preguntas y el acuciante afán de hallar una contestación?... ¿De dónde la incesante búsqueda espiritual de una solución que nos de la paz?".*

La respuesta a estos interrogantes se hallaba en el sentido de *"los anhelos por lo más excelso, esa nostalgia infinita"*, sólo referibles a Dios. Así pudo descubrir que quien lo movilizaba en su interior estaba implícito y claro en esos deseos que lo movían hacia lo sublime, en esa nostalgia de lo infinito y en esa búsqueda incesante de la paz interior que de a poco se perfilaba en él.

Al apoyarse en cambio en los contrarios pensamientos que lo desanimaban, el adversario aprovechó para volver a la carga más a fondo: *"Dios únicamente existe en la imaginación de los soñadores y de los simples de espíritu; la imaginación le ha creado, es, por tanto, una apariencia, un fantasma inexistente".*

En estos pensamientos se mostraba indudablemente aquel por quien preguntaba Pablo a los cristianos de Galacia: *"¿Quién les puso obstáculo para no seguir a la verdad? Semejante persuasión no proviene de Aquel que los llama" (5,7-8),* sino de aquel de quien sospechaba el patrón de la parábola de la cizaña al decir: *"Algún enemigo ha hecho esto"* (Mt 13,28). Éste adversario de la vida en el Espíritu, mostró claramente su acción al inducir a Pieter al encierro en sí mismo, en el que lo tuvo *"cautivo, presa de la desesperación, en el círculo de mis pensamientos",* y como consecuencia, *"todo sentimiento fijo, toda seguridad se ha desvanecido".*

Esta experiencia le ayudó sin embargo, a captar con mayor claridad la realidad del panorama conflictivo de la vida en el Espíritu. Como una *"eterna caída de un extremo al otro, eso es lo que constituye el tormento de mi estado de espíritu".* Esta alternancia de ir del encierro en sí mismo a la apertura de espíritu, le indicaba por un lado, que había vida interior y no desastre alguno, y por otro lado, que el panorama se tornaba confuso y agudizaba en la medida que no discernía de qué espíritu eran el encierro y la contraria apertura. Por un lado, esto se debía a que: *"en un momento dado tengo la seguridad absoluta... que Dios... existe".* Por el lado contrario, se debía a que: *"en cambio, hay también momentos en que todo esto se desvanece, en que soy un estúpido, en que me siento pesado como una piedra, en que soy como un animal indiferente para quien nunca han existido los anchos horizontes. Este perpetuo desgarramiento interior es horroroso".* Al mismo tiempo, esta pugna interior, señal de vida en el Espíritu, le permitía positivamente discernir entre ambos "momentos", y libre de confusiones poder decidir.

La salida de este desgarro estaba, por tanto, en diferenciar por un lado, como de Dios: *"la seguridad absoluta de que existe", "los anhelos por lo más excelso" y "la incesante búsqueda espiritual de una solución que nos de la paz".* Y por otro lado, como no de Dios: *"la desesperación", "la indiferencia", "la angustia" y "el desgarramiento interior"*, envueltos en un lenguaje negativo y sin matices, donde *"todo"* se desvanecía. En segundo lugar, la salida estaba, no sólo en este discernimiento, sino en la decisión por los primeros y el rechazo de los segundos, no en un entretenimiento dialéctico.

Agitado por estos pensamientos en San Gimigniano, la ciudad que mira al cielo en sus torres, de paso para Asís, Pieter preguntó a su mujer en el silencio de la noche: *"¿Qué hemos venido a hacer en la tierra?"*, es decir, "para qué" estamos siendo creados o cuál es el sentido de nuestras vidas. Pregunta fundamental para poder empezar a construir encima y señal de cordura.

En Venecia, motivado por la vivencia del espacio arquitectónico de la basílica de San Marcos, no sólo tuvo seguridad de la existencia de quien lo habita, sino más aun, *"pienso con toda naturalidad en Dios. Descubro en mí un nuevo mundo de pensamientos"*. Es decir, el de la vida en el Espíritu, poblado de pensamientos contrastantes, donde *"he sentido como la presencia de un caudillaje invisible"*, es decir, la del Totalmente Otro, protagonista principal en la vida. El mismo que, a través de su hijo Pieterke lo cuestionaba al visitar las iglesias preguntándole: *"¿Por qué no nos arrodillamos nosotros? ¿Por qué no rezamos también?"*.

Pieter era así conducido suavemente hacia su salvación, es decir, hacia la salida desde su encierro interior a la apertura a Dios y a los demás, en la persona de su hijo, a través de quien Dios, que habla por boca de quien quiere, lo hacía. Pero ¿salvación de qué? Del encierro en sí mismo, origen de toda tendencia negativa y raíz de pecado. Por tanto, la salvación debía realizarse desde dentro, con docilidad, consciente y libremente, sin opiniones preconcebidas y en la claridad original. Mientras tanto, hasta el momento en que descubrió el espacio arquitectónico en San Marcos, desconocía sin embargo el propio espacio de su interioridad. Y menos aun sabía encontrar a Dios en él, el "Interior" de su propia interioridad y al mismo tiempo, en Dios encarnado, la puerta de salida a los demás.

Más aun, *"la belleza plena de sentido"* de San Marcos le hizo caer en la cuenta de que, en efecto, *"he mirado a ciegas durante demasiado tiempo la apariencia de la vida, quiero bucear en las profundidades, quiero ascender hasta las más excelsas alturas, languidezco por Dios".* Fue aquí la primera vez que lo nombró abiertamente, más aun, que su acción lo arrancó de lo ilusorio y mediocre de la vida y encendió su ser en un hondo deseo, desde lo profundo del alma, de elevarse hacia Él.

Esto aconteció, como en Notre-Dame, gracias a la experiencia de un auténtico espacio arquitectónico. Algo semejante, a lo que aconteció en tono menor, al arquitecto italiano Ernesto Rogers al visitar en el siglo XX la capilla Notre-Dame du Haut, de Le Corbusier, en Ronchamp, donde de alguna manera, languideció también por Dios al reconocer que, *"Envidié un poco a los que saben orar"*, es decir, a los que tras un encuentro personal, tratan de amistad con él.

11. ASIS

De Venecia se trasladó a Asís, donde decía que *"me siento como renacido; un hombre que desprendido de su pasado tenebroso, contempla la vida con ojos nuevos y, regresando a su origen, todo lo comprende sin mediación de palabras. Mi espíritu está libre de contradicciones y deletéreas dudas, y conoce la suave y grave alegría. Ya no busco la solución de las viejas cuestiones, me basta con saber que santos como el Pobrecillo de Asís la conocían; me entrego y poseo la paz. ¡Ojalá pudiera conservar por siempre este delicioso sentimiento!"*. Esto quiere decir que, habiendo salido del encierro en sí mismo y libre de la esclavitud de la confusión, pudo saborear la paz interior al entregarse y dejarse poseer por ella.

En otras palabras, al sentirse *"desprendido de su pasado tenebroso"* y libre de contradicciones y dudas, experimentó dos cosas importantes para proseguir su proceso de cambio. Por un lado, la experiencia de otro conocimiento de Dios mediante una comprensión *"sin mediación de palabras"*, y por otro lado, la de que gracias a santos como Francisco, *"me entrego y poseo la paz"*, o sea, cuando "aflojó" y se dejó vencer por Dios. Fue entonces que encontró la paz que el mundo no puede dar y experimentó la unidad en sí mismo.

Además, dicha salida de su encierro, le ayudó a entender que la vida de fe consiste en discernir permanentemente los altibajos de la vida en el Espíritu y, libre de confusiones y dudas, tomar las decisiones que ayudan a encaminarse en la vida, a fin de aproximarse de este modo, poco a poco, a la paz y alegría interna que encierra esa entrega total. Comprendió así también que la santidad a la que somos llamados, no es *"conservar por siempre"* un sentimiento de paz, sino que esta es el fruto fresco de un constante dinamismo de búsqueda y hallazgo, una tarea y conquista permanente en medio de la lucha interior, cuyo campo es el propio corazón con sus vaivenes que, discernidos, otorgan la paz, y al no hacerlo se la pierde al sobrevenir la contraria confusión.

Como prueba de esta tarea, decía lo siguiente: *"tengo que violentarme para recordar mi vida anterior"*, pero al hacerlo, *"es como si en este ambiente puro de paz evangélica hubiera vuelto a encontrar mi ser más sustancial. Todo lo que me rodea está en armonía conmigo; me siento infinitamente lejos de la disensión y el desgarramiento espiritual... Mi espíritu es libre, ha olvidado todos los tormentos, siento a mi alrededor un gran espacio abierto, infinito por todos lados; mi espíritu sondea abismos de luz... Tengo la convicción de que en esta atmósfera pura... conocería la paz; más adelante descubriría el vínculo de las cosas que en la vida actual parece inexistente, lo descubriría porque iría aprendiendo a considerar los actos humanos desde otro punto de vista".*

En otras palabras, hallaría la paz gracias a la salida del encierro en sí que la desfiguraba y al discernimiento que lo liberaba de confusiones. Ella no se hallaba por tanto, en un lugar geográfico, sino en la medida que discerniese el *"vínculo de las cosas"*, su relación dinámica, providencial y a veces conflictiva, tras lo cual, eligiese lo mejor y actuase.

12. ROMA

En Roma, la ciudad de los rincones, con motivo de la visita al cementerio situado en las inmediaciones de San Lorenzo, el día de los fieles difuntos pensó: *"Para los cristianos la existencia y la inmortalidad del alma son verdades inconcusas...Todo esto... me afecta, pero no me es posible creer en ello... ¡Qué extraña lucha se libra en los más íntimos repliegues de mi alma!"*. De este modo tomaba conciencia de la lucha que es la vida en el Espíritu, y al discernir, le era posible ver qué era mejor para él, con relación al fin para el que somos creados, si creer en la existencia y la inmortalidad del alma o no, siendo que lo mejor es de Dios.

A este discernimiento ayudó la visita a las Basílicas más antiguas, como la de San Clemente (s. XI y XII) y la de Santa María en Cosmedín (s.VIII), donde nuevamente la sola experiencia de auténticos espacios arquitectónicos le hizo decir: *"siento allí claramente que los hombres están desterrados en la tierra, que nuestra verdadera mansión no está en este mundo y que viajamos por esta vida como extranjeros... En el esplendor crepuscular de esas antiguas Basílicas siento la fe de los siglos".* Sin embargo, este claro sentimiento no alcanzaba para un acto personal de fe como decisión consciente y libre por Dios.

Tras haber asistido a las ceremonias del jubileo del Papa y a la misa Pontifical en la Basílica de San Pedro, con espíritu abierto y positivo, reflexionó así esa noche: *"Esta sagrada pompa no puede ser un juego. Busco su sentido. En alguna parte debe residir la realidad de la que todo esto es el signo visible. No puede ser una ilusión de los sentidos. Todo, todo sería entonces vano. La propia vida sería una burla cruel. Sin embargo no puedo pensar así".* Se hizo presente de esta manera un discernimiento implícito, al diferenciar por un lado, un pensamiento, indudablemente de mal espíritu, por cuanto en él todo aparecía como ilusión de los sentidos y burla cruel, y por otro lado, el contrario y positivo que lo movía a rechazar el anterior.

A esta aceptación positiva de la realidad sobrevinieron pensamientos perturbadores, con motivo de la noticia de la enfermedad de su madre: *"la historia de la humanidad me parece un caos, y me es tan imposible comprender el universo con Dios como sin Dios".* Este parecer un caos se debía a que su reflexión histórica de la humanidad omitía a quien interfiere en ella nuestra relación con Dios y lo provoca, es decir, al enemigo de la naturaleza humana o "padre de la mentira" (Jn 8,44).

El proceso interior vivido hasta el momento por Pieter, más los pensamientos provocados por la enfermedad de su madre y el arte del Renacimiento contemplado en Roma, que *"no despierta en mí el más mínimo interés",* suscitaron una semana después, un agudo estado de desolación en el espíritu, claramente manifestado en las siguientes señales: un *"insoportable abatimiento. Una agobiante desesperación ante la vida me ha tenido paralizado. Adonde quiera se ha vuelto mi espíritu, he encontrado tinieblas y la desesperante carencia de sentido de la vacuidad".*

Al engancharse en este estado de ánimo y no rechazarlo haciendo lo contrario, creció en forma de *"una angustia infinita"*, donde nos dice que *"no comprendo nada, no me explico nada. ¿No es absurdo tomarse en serio cualquier cosa de lo que aparece lleno de valor a los ojos de los hombres?... ¿No ve tu imaginación por todas partes un abismo sin fondo?... ¿Cuál es el significado de la tierra?... Las tinieblas son espantosas. Me veo a mí mismo como una piedra que cae y cae y sigue cayendo y nunca cesará de caer"*. Ciertamente este estado de ánimo no ayudaba a vislumbrar el camino a seguir. Hijo de su época, se hacía de alguna manera, eco de Nietzche, quien veintinueve años antes, se había preguntado,*"¿No nos estamos cayendo sin parar? ¿Hacia atrás, hacia los lados, hacia delante, hacia todas partes?"*.

A esta desolación en el espíritu, más cierta depresión psíquica, le siguió un espíritu reconfortante y liberador, al preguntarse: *"¿Cómo romper las cadenas? ¿Cómo escapar de este pavoroso destierro? ¿A dónde huir? ¿Cómo liberarme? ¡No es cosa de admitir que he nacido para perecer al fin totalmente! ¿Y nuestro amor, Cristina, nuestra profunda dicha? De pronto me acuerdo de las palabras que Jesús dirigió a aquel forajido: 'Hoy estarás conmigo en el paraíso' Dios mío ¿qué significan estas palabras?... Debe existir algo enorme que yo ni siquiera presumo"*.

Se hacía aquí presente una vez más la experiencia de la *"realidad inquebrantable"* de aquellos días en la Trapa, ahora como *"algo enorme"*, que no lo alcanzaba escapando, sino en la medida que diese un paso hacia ese *"algo enorme que yo ni siquiera presumo"*. La dificultad para dar el mismo radicaba todavía en cierta cuota de encierro en sí y la liberación en cambio, en el paso a dar.

Mientras esta salida no se concretase, la angustia se agudizaba al no tener alguien que lo ayudase mediante la escucha y proyección de lo que pasaba por su alma para comenzar a entrever el camino. En otras palabras, faltaba comprender que la realidad de la lucha interior que experimentaba era, además, una afirmación implícita de que había un adversario, el cual procuraba, como suele hacerlo a menudo, que Pieter no comunicase lo que le pasaba a quien pudiese ayudarlo, a fin de proseguir entorpeciendo su avance, angustiándolo.

Después de los meses tan intensos de su recorrida por Italia, *"por un mundo que me era desconocido"*, también referido al propio mundo interior, se retiró a la costa del Mediterráneo para *"vivir en la soledad silenciosa, quieta y pura de la naturaleza"*. Ello fue en Santa Margherita Ligure, en la Riviera de Levante, cerca de Génova. Allí, estuvieron presente dos grandes ayudas de la vida en el Espíritu: la soledad y el silencio. Ellos colaboraron a descubrir con nitidez lo que pasaba por su alma y a expresar lo vivido: *"Me siento libre de los antiguos tormentos, un gozoso sosiego reina en mi espíritu"*. Este entrar en su espíritu con tanta claridad, le permitió discernir a Dios actuante en el gozoso sosiego de su espíritu.

Al llegar el 31 de diciembre de ese año 1908, *"con toda naturalidad Cristina y yo hemos dado en hablar hoy - como es de rigor - sobre el año que acaba de transcurrir"*. En ese momento Pieter constató que *"no puedo ordenar el caos de los contrasentidos"*. Esto ocurría no por no poder discernir, sino por intuir que de hacerlo desembocaría en un compromiso que, por tentado, no se atrevía a concretar. Como resultado de su omisión, creció el ataque del adversario: *"por todas partes tropieza mi espíritu con tenebrosas murallas"*, es decir, con dificultades por el hecho de no discernir, y al no hacerlo, *"me es imposible descifrar el significado de la existencia"*. Fue por esto que se planteó abiertamente la pregunta, *"¿Cuál es el sentido de la vida?"*, ciertamente del buen espíritu y de cierta cordura por parte de Pieter, como cuando un accidentado, dentro de su gravedad, despierta en el hospital y se pregunta dónde estoy, qué hago aquí. Más aun, la pregunta iba bien encaminada, si tenemos en cuenta el misterio de la vida y su reflexión al respecto: *"ignoramos por completo qué es lo que en realidad ocurre en nosotros y en torno a nosotros"*, motivo por el cual, el camino para descubrirlo era proseguir profundizando en el sentido de la misma, pero no de manera teórica, sino desde la experiencia de su propia vida según el Espíritu.

13. LUZ EN LA SELVA DE LA VIDA

Al regresar en cierta ocasión a Holanda reflexionó con acierto sobre lo siguiente: *"Conozco la inquietud de creer que siempre he de encontrar la paz en otra parte, como si la paz no fuera algo que hay que llevar en la propia alma"*. Distingue bien aquí lo que es la engañosa y superficial paz del mundo, que se cree lograda con sólo cambiar de lugar geográfico, y la paz en el Espíritu que el mundo no puede dar.

El día 10 de marzo, al mes de su regreso, se preguntó al reflexionar sobre sus sentimientos acerca del *"Dinero, gloria, posición social, goces de la vida, por nada de esto siento avidez. Entonces ¿qué es lo que yo espero?... la salida de la tenebrosa selva de la vida"*. Ahora bien, esta "tenebrosa selva" era una manera de referirse al encierro en sí mismo, cuya salida no se produciría sino en la medida que comenzase por discernir lo que en él era luz y oscuridad y liberado de confusiones encontrase la salida, la que con Cristina *"tenemos confianza"* en alcanzar.

En estas circunstancias Cristina reaccionó de manera positiva: *"conozco esas horribles horas de desesperación; en tales ocasiones quisiera rezar. Mas ¿a quién?"*. Desesperación producida por el encierro y esperanza en la salida que estaba en quien sólo puede confortar y pacificar el alma, a quien Cristina sin embargo, no sabía identificar, como tampoco Pieter. Para ello faltaba el encuentro y relación personal con Él. Esta se producirá con motivo de la experiencia de la muerte de su madre. Ciertamente, este hecho ayudó a dicho encuentro, puesto que fue una parada en el trajinar de su vida, que no sólo lo hizo recapacitar, sino que lo rescató de su mundanidad y del bienestar autoindulgencte y egoista.

Mientras tanto, el espíritu sanamente inquieto de ambos en esta lucha interior, contrastaba con gente superficial que los tentaban argumentando de esta manera: *"¿Por qué singularizarse de esa manera? ¿Por qué no vivir como nosotros, tranquilamente? ¿Por qué no obrar como yo y como cada hijo de vecino, por qué no pensar como todo el mundo? La vida es una ocupación sosegada, un asunto perfectamente normal"*. Esta mediocridad sin embargo, provocó a continuación una buena reacción en Pieter: *"Dios mío ¡cómo aborrezco el espíritu de semejantes individuos!"*.

Fue así que el buen espíritu lo abrió al misterio de la inmortalidad del alma con motivo del nacimiento para la vida eterna de su madre. *"Seguí mirándola y, cosa admirable, esto me hizo bien, me infundió paz; aquel bello rostro muerto me proporcionó un asidero, un punto de apoyo en el caos de la vida. Me encontraba deliciosamente sosegado"*. Fue allí que repitió varias veces *'Dale Señor el descanso eterno'*. Esta repetición hecha con confianza y en el sosiego interior, fue el encuentro con él y un modo sabio de comunicarse sin saberlo, al despertar en Pieter una convicción: *"Ahora sé que el alma existe; de qué modo no sé decirlo, no soy capaz de figurármelo, me es imposible comprenderlo, pero el alma es inmortal, es eterna, es divina. Lo siento. No puede ser de otra manera. El misterio existe. Mas ¡cuán lamentablemente andamos a tientas por las tinieblas!... No soy capaz de rechazar los enigmas y aceptar la vida como si fuera algo normal y carente de misterio. La contemplación de la difunta ha agitado los hondones más profundos de mi ser, no tanto por la pérdida, como por lo que ha estado sucediendo en regiones que escapan al alcance de nuestra vista. El alma saliendo del cuerpo..."*. No hay duda que esta experiencia de la vida en el Espíritu, significó el encuentro con él y, en consecuencia, comenzar a pensar en serio y relacionarse con él como pudo. Fue finalmente esta relación personal con él la que fue acrecentando en Pieter la profundización de su interioridad hasta la frontera de la fe.

En efecto, desde aquél momento la inmortalidad significó para él que el alma tenía un valor absoluto, eterno. Pero también, que era un alma responsable frente a las alternativas de la vida. La afirmación de la existencia del mal como un anti-valor que lo perjudicaba y la responsabilidad frente al mismo, en contraposición al bien que lo favorecía, significaron el reconocimiento de la verdadera existencia de su persona como una interioridad ciertamente conflictiva pero libre al discernir y no esclava de la confusión. Más aun, desde aquel momento tuvo el pensamiento central de que, si no existiese la inmortalidad, entonces todo estaba permitido. Esto quería decir que, sólo en el caso de que sea un ser inmortal, todo hombre y su vida tiene un significado absoluto que no permite que sea tratado como un instrumento por algunas ideas o intereses. La negación de la inmortalidad del hombre fue para él desde ese moento, el equivalente a la negación del hombre.

El 16 de abril acompañó a su madre a la última morada. *"Estamos sosegados; nuestra atención está fija de continuo en cosas muy profundas... Si no existiese el alma, realmente, la vida carecería de sentido"*. Durante los días siguientes, *"nada ha perturbado la elevada disposición de nuestro espíritu... Ahora comprendo todos los actos de mi madre y esto ha avivado aun más mi amor por ella. Cuánto nos ha ayudado con su lucha... con su búsqueda de la verdad... Nos enseñó a escuchar única y exclusivamente las voces de nuestra alma y a atender las llamadas de la misma... De ella he recibido también el don de la entrega confiada y esta inquietud espiritual, que... no permitirá... que permanezca dormitando entre las cuatro paredes de una habitación sin horizontes... Gracias a mi madre conozco el bendito anhelo por las cumbres... por la infinitud"*. En efecto, ella lo había abierto a la trascendencia, sólo faltaba su apertura a la vida de fe, a la experiencia no sólo de creer que era querido por Dios, sino de dejarse querer por él.

Además esto le ayudó a ver con claridad por qué *"a veces veo el porvenir muy oscuro, cualquier circunstancia de la vida gravita pesadamente sobre mí"*. A esta luz confortadora en el espíritu se sumó Cristina, más la experiencia de *"la alegría que me produce mi trabajo y la belleza"*, sin las que *"desesperaría de la vida"*.

14. PARIS

En 1909 se instalaron en Paris. Al vivir en la ciudad de las perspectivas se sintió identificado con ella, como si la experiencia de las ciudades por las que pasaba fueran acompañando su proceso interior, y Paris fuera la materialización del anhelo de salir de su encierro. Es por esto que expresaba: *"¡qué oscura fascinación ejerce sobre mí la atmósfera de esta ciudad! Presiento aquí todas las posibilidades, mi imaginación ve aquí la plenitud de la vida humana... Con un cielo tan grandioso lleno de luz... siento que mis pensamientos adquieren amplitud, la nostalgia invade mi corazón... se apodera de mí un sentimiento de felicidad y de infinita tristeza al mismo tiempo. La vida es sumamente extraña"*.

En medio de esta simultaneidad de sentimientos fue desalentado con algunos pensamientos negativos que comenzaron a insinuarse en dicha tristeza: *"Pero ¿para qué esforzarse por lograr ese dominio de sí mismo, si al fin y a la postre todo carece de sentido y de base?"*. Al ver el adversario que en esos pensamientos se acobardaba, siguió avanzando y lo exhortó con mayor ahínco a *"abandonarse"* a los *"antojos"*, a los *"placeres"*, y a *"contemplar el dolor de los hombres... como un espectáculo"*, en una actitud alejada de la realidad, irresponsable e inmadura. Más aun, al ver que no reaccionaba en contra, el adversario reforzó el ataque: *"Ciertamente ¿por qué no? Para mí no hay fronteras ni limitaciones"*. Esta arbitrariedad se debía a que en ese momento de su vida el parámetro era él mismo, y actuaba como quien decide seguir jugando un partido de fútbol también fuera de los límites reglados de la cancha, en una especie de "todo vale". Una manera de mentirse a sí mismo, origen de todos sus problemas existenciales profundos, puesto que frente a cosas triviales de la vida sabía sin embargo cuáles eran esos límites. En realidad lo que ocurría era que se hacía presente la contraposición vital normal cada vez más patente en él, de ciertos momentos de confortación y de desolación en el espíritu, propias del movimiento alternativo que implica la vida en el Espíritu y contrapunto valiosísimo que se le ofrecía como oportunidad para discernir dónde estaba la salida para encaminar su vida.

En efecto, esta experiencia de estados de ánimo contrapuestos le ayudó una vez más a caer en la cuenta de la importancia de diferenciarlos para tomar decisiones y vivir con intensidad el don de la vida, *"la plenitud de la vida humana"* que sentía latir en Paris, en lugar de seguir en ella de cualquier manera, flotando como una hoja llevada por el viento o de un modo atropellado y confundido. Por esto agrega con razón, que el discernimiento: *"es la condición para una vida fuerte y noble. Lo sé muy bien"*, para ser *"hombres maduros"*, como exhorta Pablo a los corintios (1 Cor 14,20). En efecto, es en el discernimiento de lo que pasa por el alma donde se funda la fortaleza y la madurez de la vida en el Espíritu, la que a su vez hace posible tomar decisiones con sentido en la vida. Esto constituye al hombre de principios, con relación a los que discierne. La debilidad en el espíritu, en cambio, es andar a la deriva, sin diferenciar lo que pasa y tomar, como un niño, decisiones de acuerdo sólo al querer, interés o sensualidad propios. Sin embargo, saber esto en teoría *"muy bien"*, como decía Pieter, no alcanzaba para pasar de la convicción a la conversión, del decir al hacer, de la teoría a la vida.

"Al mismo tiempo" - o sea, en medio de esta agitada sucesión de estados de ánimo - salió de él un pensamiento positivo contrario: *"me*

digo a mí mismo que esa autodisciplina, esa ordenación de la vida", con relación a un parámetro, *"esa esforzada tendencia a conseguir la pureza de obra, de pensamiento y de palabra, no se puede encontrar, santificada y con las miras puestas en un fin sublime, más que en el Catolicismo"*. Conviene aclarar al respecto que, si bien la *"autodisciplina"* es un valor en lo tocante al logro de *"un fin sublime"*, en realidad para tal logro lo que le hacía falta fundamentalmente era docilidad para dejarse vencer por Dios y dejarlo obrar como Hacedor, por medio de su Espíritu, en colaboración libre con su acción salvífica.

En este sentido manifestaba con magnanimidad: *"Mi espíritu quiere verdad"*, es decir, dejar de mentirse a sí mismo, porque *"dura demasiado esta eterna, esta retozona lucha"*. Esto quería decir, que se le hacía imperante una contraria toma de decisión, seria y comprometida, porque en su estado *"ya demasiado herido, no puedo sonreír ante la vida, como si esta fuera una cosa insignificante, sin valor alguno"*.

Tal vez este sentirse herido se debiera en parte, a su sensibilidad artística, puesto que como dice Marie-Alain Couturier: *"Posiblemente los artistas, cuando son duramente tocados, mejor dispuestos están que los demás a ese retorno. Se aperciben un día que están cubiertos de un manto de heridas y que han sido abandonados por muertos en los bordes del camino"*[16].

Mientras tanto, con motivo de una carta de su padre, fue invadido por *"la abrumadora tristeza de esa vida"*, y tras la tristeza, caldo de cultivo malo para cualquier cosa, entraron otros pensamientos negativos: *"Me parece tan amargamente inútil su penoso caminar... no encuentro nada, no veo ninguna causa ni ningún objeto al dolor... todo es casualidad y caos, en cuyo caso ¿cómo me es posible soportar la vida?"*. La desolación en el espíritu causada por dicha carta era clara en todos sus signos: "amargura", "inutilidad", "vacío", "pena", "ceguera", "sin

---

[16] M-A Couturier, *Arte y Catolicismo*, Editorial Difusión, Santiago de Chile, 1942, 42.

sentido" y "caos". Sin embargo, al contemplar una noche la belleza del cielo estrellado, experimentó que: *"Como un niño, solloza en mí la nostalgia por yo no sé qué Padre, por yo no sé qué hogar"*. Este entrar en sí mismo un poco más y diferenciar la desolación anterior de la contraria confortación en el espíritu por medio del contacto con la creación y no sentirse huérfano, fue para él en aquella noche, un paso más en su toma de conciencia de las mociones internas de la vida en el Espíritu. Sólo faltaba completarla con la decisión de dirigirse en verdad a ese Padre Creador ignorado, que lo esperaba.

Cierto día, al leer con Cristina *"Las confesiones"* de san Agustín ocurrió algo importante al respecto. Le llamó *"la atención el hecho de que este santo, antes de encontrar la excelsa paz de la fe, se debatió entre las mismas congojas que tan cruelmente nos atormentan también a nosotros, hombres modernos"*. Este sentirse identificado con Agustín en el debate *"entre las mismas congojas"* fue de capital importancia, por cuanto fue sentirse animado y entender de una buena vez que la vida interior es lucha, hecho fundamental para vivir y avanzar con seriedad y profundidad en la misma. Tal como el mismo Agustín lo explicita en su comentario al salmo 60: *"Nuestra vida, en efecto, mientras dura esta peregrinación, no puede verse libre de tentaciones; pues nuestro progreso se realiza por medio de la tentación y nadie puede conocerse a sí mismo si no es tentado, ni puede ser coronado si no ha vencido, ni puede vencer si no ha luchado, ni puede luchar si carece de enemigo y de tentaciones"*. Esto quería decir que, paradójicamente, en medio de su lucha se encontraba la paz en el Espiritu que buscaba, es decir, en la medida que dentro de la misma, discerniese y se determinase por lo que se la daba, rechazando lo que se la quitaba. De lo contrario, sin caer en la cuenta del contraste conflictual y sin tomar decisiones de cara al mismo, no llegaría a ser libre en el Espíritu de la esclavitud de la confusión. Esto lamentablemente es bastante común, porque como decía Henri De Lubac desde aquél mismo Paris, *"pocos hombres disciernen"*, porque pocos son los que están en condiciones de seguir al que nos llamó a ser libres.

15. EL MUNDO CIRCUNDANTE EN 1909

¿Con qué mundo circundante se encontró Pieter Van der Meer en Paris el año 1909? El 1 de octubre de ese año lo describe de la siguiente manera: *"Ayer asistí a la inauguración del 'Salón de Otoño'. Mi impresión: la nobleza del espíritu está extinta... El nivel espiritual de la humanidad moderna ha experimentado un descenso extraordinario"*. En el mismo sentido, tras una visita a X, donde tuvo lugar un *"enorme combate de esgrima con sistemas y opiniones a cual más bobalicón"*, termina diciendo Pieter: *"me llama la atención por enésima vez el que se haya perdido casi por completo la noción del valor del espíritu"*. E igualmente, *"pienso en la horrorosa pobreza de la vida cuando no se puede creer en la inmortalidad del alma. Los horizontes están cerrados como muros ciegos. Yo quisiera desgarrar las tinieblas que me rodean para ver la luz clara y saber. Existe algo más allá del radio visual de mis ojos corporales. Lo siento, lo sé en algunos momentos muy profundos. Cristina experimenta lo mismo, aun con más intensidad"*. De este modo, Pieter crecía poco a poco, por medio de esos *"momentos muy profundos"* en la intuición de *"algo más allá del radio visual de mis ojos corporales"*, y para distinguirlo era necesario *"desgarrar las tinieblas que me rodean para ver la luz clara y saber"*, o sea, discernir para saber por dónde encaminarse.

Fue con este intento de *"desgarrar las tinieblas"* que lo rodeaban para ver la luz, que asistió a la celebración de la Eucaristía en St. Sulpice y durante la misma pensó sin cesar en su madre, pero predominaban en él las tinieblas *"como muros ciegos"* y la *"retozona lucha"*, hasta el punto de llegar a participar en una sesión de hachis con dos más. Con esta experiencia - último estertor de su resistencia interior - pretendió imprimir por medios artificiales la máxima tensión al espíritu. Más tarde reconoció que fue *"un error"*, y además, *"ingenuo"*, si bien trató de atenuar su intención al decir que lo había hecho *"por si le proporcionaba algo adecuado para su obra artística"*.

Lo importante sin embargo, fue que finalmente cayó en la cuenta que había hecho mal uso de su libertad, por estar inmerso todavía en una cierta arbitrariedad adolescente, donde *"la vida es un juego"*. La misma *"hubiera podido tener unas consecuencias muy tristes"*, una de las cuales quedó efectivamente de manifiesto, al menos en la angustia en que lo sumió.

Como una muestra más del contraste de sus vaivenes interiores o agitaciones de estados de ánimo, el episodio del hachis más arriba citado ocurrió sólo cuatro días antes de visitar a un personaje totalmente opuesto a su desorden interior. Nos referimos al escritor León Bloy, a quien sólo conocía a través de sus libros, y apreciaba por su paz interior. Él fue un medio a través del que Pieter llegó, un año después, a poner otro pilar fundamental en su proceso de cambio. El primero, había sido caer en la cuenta de que pasaban cosas por su alma. El segundo, que estas cosas eran contrarias. El tercero, sería buscar, por intermedio de Bloy, un orientador o guía a nivel de la vida en el Espíritu, para actuar en consecuencia.

Disentimos sin embargo con Van der Meer en su valoración de Bloy, en el sentido de que no apreciamos en él un ser *"pletórico de juventud"* como afirmaba Pieter, ya que al mismo tiempo dice que Bloy *"siente una fundamental aversión por la sociedad moderna y apenas se interesa por la literatura actual"*. Esta postura intelectual explica lo que treinta años después diría Couturier al hablar de esa época: *"Jamás se había visto que el catolicismo haya permanecido enteramente extraño a los acontecimientos artísticos de importancia que han acaecido"*, como permaneció Bloy con su actitud de aversión a la misma. Más aun, continúa diciendo Couturier, *"Nuestra carencia en este dominio (secundario sin duda) es grave, no porque señala el abandono de un territorio, un retroceso de la cultura católica, sino porque parece sintomático de un estado espiritual negativo que es absolutamente contrario a las exigencias esenciales de la cultura y del pensamiento católico como tales"*[17]

Su debate interior mientras tanto continuaba. Ahora motivado por asistir al rezo de Vísperas en el monasterio de las Hermanas benedictinas de la rue Monsieur, junto a su mujer y su hijo. En efecto, fue allí que al experimentar la existencia de esas mujeres consagradas despertó en él una alternancia muy viva de mociones contrarias que trató de discernir, semejantes a las suscitadas por los monjes en su experiencia del monasterio Cisterciense. Este contraste lo señalamos alternativamente con los signos positivo y negativo:

+ *"¿Quién está en el error? ¿Estas mujeres? ¿O nosotros? Una de las dos ocupaciones ha de ser una mentira absoluta. ¿Pero cuál?"*

- *"Me asaltó la espantosa pregunta: ¿no sacrifican estas mujeres su vida a una imagen engañosa, a un embuste?"*

+ *"Sería horroroso. 'Yo soy la vida y la verdad', dice Jesús de sí mismo. ¿Cabe pues aun la más mínima duda?... ¿y los innumerables que han contemplado la verdad con sus propios ojos, cara a cara, y no creyeron, no poseyeron de golpe las verdades eternas? Pilatos pregunta a Jesús: ¿Qué es la verdad? Y la verdad estaba delante de él, tangible".*

La conclusión que sacó Pieter del contraste de estos interrogantes fue la siguiente: *"estas vacilaciones, estos desgarramientos interiores, este no poder decir nunca 'sí', este debatirse continuamente con la duda, esta maldita complacencia en la complejidad, en el juego sutilmente espiritual de destruirlo todo, este goce mortal de analizarse a sí mismo y*

---

[17] M-A Couturier, o.c., 93-95.

estar orgulloso con actitud escéptica, satisfecho de sentirse omnímodo y contemplar la vida como si fuera un juego que se ejecuta exclusivamente para uno mismo... no me satisface, no acalla la insoportable nostalgia de mi alma". Por tanto, frente a estas vacilaciones y desgarramientos interiores era preciso discernirlos y decidirse por lo mejor, que estaba en las experiencias que satisfacían los deseos más profundos de su alma, y no en las que prolongaban un diletantismo que lo mantenía encerrado en sí mismo, sin cuya apertura era imposible discernir.

No hacerlo, por tanto, era perpetuarse en la confusión y la duda, en la morbosa y *"maldita complacencia en la complejidad"*, que volvía a manifestarse como hacía dos años, en un juego destructivo y egocéntrico, en el escepticismo, en un análisis que no llegaba a la síntesis o toma de decisión. En esta indecisión precisamente, consistía su insatisfacción, que dejaba incompleto su debate interior y por eso se convertía en una dilatación saturante y mediocre, que con razón le hacía decir que, *"no acalla la insoportable nostalgia de mi alma"*, que lo llamaba a buscar y hallar el motivo y el nombre propio de la misma.

16. AÑO 1910: LA NOSTALGIA TIENE NOMBRE PROPIO

El año 1910 fue el número treinta del nacimiento de Van der Meer, edad crítica en el sentido de que en general lo no concretado hasta ese momento de la vida, se hace de allí en adelante más difícil. Además, *"el tiempo corre con una celeridad que produce angustia"*. Pero la causa de su angustia no era la celeridad del tiempo, sino su tendencia negativa en forma de pereza vacilante, manifestada en su frase: *"oscilo de un lado para otro"*. Sin embargo, la oscilación no dejaba de ser de alguna manera una determinación más. Faltaba, por tanto, detenerse y considerar en qué sentido estaba tomando sus decisiones, si le ayudaban o perjudicaban. Como resultado de no hacerlo, en su confundido mundo interior decía: *"No comprendo el sentido ni el curso de nuestra existencia. Me parece tan caótica... No tengo ninguna fijeza, no tengo ninguna seguridad".*

Pieter era así un reflejo de lo que por aquellos años reflexionaba el filósofo Karl Jaspers a propósito de los creadores culturales de la época, entre los que estaba el mismo Pieter: *"Falta un todo que los limite y los apoye. El mundo no les propone ninguna tarea obligatoria. Deben arriesgarse a elegir sus propias misiones. No hallando respuesta o hallándola sólo equívoca, y sin ningún auténtico interlocutor, dudan al fin de sí mismos"*[18]. A esta falta de contención y duda existencial se sumaba la falta de un parámetro y de una disciplina formadora. Esta carencia lo dejaba en una situación desoladora en el espíritu, sobre todo al no tener en claro fundamentalmente el para qué de su existencia, el sentido de la misma.

Este parámetro emergió sin embargo, un día cualquiera en la capilla de las Benedictinas de la rue Monsieur, donde: *"Se me hizo patente e insobornablemente seguro de que Dios existe... Este pensamiento me infundió esperanza y paz".* La seguridad de la existencia estuvo en la infusión de esperanza y paz, señales indudables de Dios, en el hecho en fin, de sentirse querido por él.

"Mas, ¡cuán vacilante y efímero es este sentimiento en mí! ¿Por qué la duda vuelve a roer otra vez mi espíritu, por qué me es imposible creer en el espíritu todopoderoso que es Dios?" Porque Dios es Amor y sólo amándolo y dejándose amar por él, creería propiamente en él que, más que creer que existe, es creer que nos ama.

Mientras tanto, dado su estado desconcertado, indeciso y oscilante, experimentaba la vida como *"agobiante y tenebrosa"*, sobre todo mientras no terminase por detenerse para discernir los términos oscilantes y se decidiese por los positivos rechazando los contrarios.

---

[18] K. Jaspers, *La situación espiritual de nuestro tiempo*, Colección Labor, Barcelona.

Con razón decía que *"este estado me apremia a buscar una solución"*. En efecto, no había otra alternativa que discernir lo que le pasaba y decidir en consecuencia, o de lo contrario el agobio y la tenebrosidad crecerían, porque la lucha que es la vida en el Espíritu es cierta y contínua.

En este debate interior sentía que *"soy incapaz de librarme del tormento que me producen las preguntas destructoras de toda seguridad"*. Ahora bien, él solo era ciertamente incapaz, pero no en cambio junto con quien lo llamaba desde el fondo de su alma, el mismo que ahora invocaba con nombre propio: *"¡Dios!, no es posible que todo carezca de sentido y sea una vana ilusión, un sueño de nuestra imaginación. Dios es el fundamento incognoscible pero existente"*.

A continuación siguió la pregunta capital que él mismo se hizo: *"¿Por qué no capitulo?"*, porque se resistía y no se dejaba vencer por quien buscaba contenerlo y era la razón de su existencia. Era perdiendo que ganaría. No se trataba, por tanto, de voluntarismo ni de quietismo alguno, sino de dejarlo obrar en él, de dejarse amar por Él y llegar así a realizar en plenitud la razón de su existencia como persona humana e hijo de Dios: ser para él y los demás.

"Tal vez este sentimiento ha de convertirse en una madura sabiduría". Sensata intuición la de Pieter, siempre que estuviese interiormente libre y disponible para capitular frente a Dios-Amor. De lo contrario, esa sabiduría no sólo sería inmadura, sino estéril, puesto que se trata de una sabiduría "práctica", del ejercicio de discernir en orden a ser libre de confusiones y tomar decisiones.

17. "¿SE ME ESTÁ LLAMANDO?"

No se puede adquirir la sabiduría sin lucha, ni se puede combatir rectamente sin prudencia.

Evagrio Póntico, Tratado Práctico 73

Tras la Semana Santa del año 1910 Pieter expresa de este modo lo vivido hasta ese momento: *"Siento que tras todo lo que veo y oigo se abren caminos que conducen a Dios".* O sea, que a través de la apariencia de las cosas descubrió caminos que, por su sentido, eran de Dios. Concretamente, porque despertaban en él un profundo anhelo: *"Dios mío, deseo creer con toda mi alma".* Con esto expresaba un ansia que revelaba lo que pasaba por su alma y lo disponía para llegar a la decisión concreta que es la vida de fe, la decisión por él y el testimonio de la misma en las obras.

Para arribar a ella, el inconveniente era que, *"hasta ahora no soy otra cosa que un espectador inútil".* Sin embargo, *"una fuerza me empuja hacia delante... No se qué significa todo esto... no puedo distinguir... el camino de mi vida".* La fuerza era sin duda de Dios porque lo animaba a marchar hacia delante. Pero para asumirla, era preciso pasar de espectador a protagonista en el discernimiento, a fin de descubrir su camino en la vida y la decisión a tomar.

Fue aquí nuevamente, que al retornar la desolación en el espíritu reapareció el ataque desalentador y disuasivo del adversario: *"Pero ¡si no es necesario! ¡Si la vida es una aventura sin sentido!".* A continuación, la reacción contraria de Pieter denotó lucidez al captar el ataque, puesto que si la vida fuese una aventura sin sentido, se preguntó: *"en ese caso ¿qué significa nuestro amor, Cristina? A veces tengo el sentimiento de que alrededor de mí se está librando una lucha".* Efectivamente, la de una auténtica vida en el Espíritu y la perspicacia para captarla le permitió diferenciar lo que era de Dios y lo que no, y poder así comenzar a encaminarse con sentido en la vida. Para esto era preciso encarar la lucha con lucidez y medios efectivos, no quedándose sólo en buenas intenciones, so pena de quedar en dicha condición de *"espectador inútil".* El inconveniente era ahora que *"yo me abalanzo de un extremo al otro"*, es decir, con imprudencia e indiscreción, lo que no dejaba de ser peligroso en medio de una lucha cierta y continua como es la invisible del mundo interior.

Por el contrario, la sabiduría, prudencia o discreción en el espíritu y la razón iluminada por la gracia, era la disposición que le permitía deliberar sin confundirse, no acerca de lo que era bueno o malo a nivel moral, sino más en profundidad, sobre lo que era bueno o mejor a nivel de la vida según el Espíritu y en su circunstancia concreta, no en abstracto.

En esta lucha no alcanzaban sólo la lectura y la meditación de la Biblia, porque aunque era cierto que en ellas: *"conozco estos momentos de inmensa alegría... sin embargo me falta la paz"*, porque todavía se daba en él una resistencia interior a un cambio totalizante y serio.

Al mismo tiempo protestaba con buen espíritu al decir: *"no puedo darme por satisfecho con la vida cotidiana, con la vida ordinaria, ordinaria. Deseo a Dios"*. Sin embargo, este solo deseo, aunque cierto, tampoco alcanzaba para concretar dicha paz, y además, porque *"¡Advierto con toda evidencia que no he llegado todavía al fin de las aventuras de mi vida!"*. Esto significaba todavía capitular frente al enemigo, al pretender ir en seguimiento de Dios con la mirada bizca y no clavada en él.

Faltaba poner otro medio en la lucha, ello acontecerá más tarde, cuando regresó a Paris, tras una temporada en Holanda, adonde había ido a visitar a su padre y hermanos en Oostvoorne. En efecto, luego de esa visita, *"al fin hemos decidido trasladarnos a Paris en el próximo otoño. Por qué, lo ignoro"*, pero el Señor en cambio sí sabía por qué. Era porque allí encontraría un importante medio en su lucha interior: un orientador o guía que lo ayudase en el camino. Este aparecería en escena por intermedio de Bloy. Estamos a 30 de julio y ello se concretaría en diciembre de ese año 1910.

Mientras tanto, experimentaba que *"se ha hecho de todo punto imperiosa la necesidad de vivir con mi atención y mi amor vueltos hacia el abismo espiritual, hacia lo ilimitado, hacia el espíritu de grandeza infinita. Solamente el agua eterna de la verdad puede aplacar la sed terrible de mi alma"*. En otras palabras, la urgencia que experimentaba de un cambio interior se debía al hecho de vivir existencialmente distraído y con la mirada bizca, en lugar de hacerlo *"con mi atención y mi amor vueltos hacia el abismo espiritual"*, una expresión un tanto vaga y abstracta, referida ciertamente a la concreta vida en el Espíritu. Esta mirada la rectificó al referirse a la imperiosa *"necesidad de vivir"* de otra manera. Por eso mismo, esta se vió obstaculizada con la reaparición de su tendencia negativa a una languidez dubitativa, que se presentó de la siguiente manera: *"¡Cuántas vacilaciones!"*, mientras, *"languidezco por las cumbres"*, pero *"los valles me retienen"*. *"Quiero ascender"*, pero *"oso dar el salto espantoso hacia lo más bajo. No llevo un curso fijo, no conozco la seguridad inquebrantable. La duda me desgarra"*. El desgarro era más por oscilar entre ese deseo vago de cambio, expresado como un *"languidecer por las cumbres"*, y por otro lado, dejarse retener por *"lo más bajo"*, a lo que se sumaba su indecisión y sus dudas.

Estas vacilaciones, que señalamos con signos positivo y negativo, se manifestaron alternativamente de la siguiente manera:

+ *"Comprendo las ansias de alcanzar las cumbres impolutas de la santidad, aureoladas eternamente por la luz abismal de Dios".*

- *"Y comprendo también los deseos de penetrar en el jardín de Armida del pecado. Y en ninguna parte encuentro la paz".*

+ *"No me es posible seguir viviendo de esta manera".*

- *"Oscilando de aquí para allá, interiormente desgarrado".*

Esto quiere decir, que si eran buenos sus deseos, esto solo no alcanzaba para hallar el camino hacia *"las cumbres"* y *"la paz"*, menos aun, *"oscilando de aquí para allá"*, sin determinación para cambiar positivamente su rumbo, y absolutamente no, al *"penetrar en el jardín... del pecado"*. Tampoco alcanzaba con sólo rechazar lo negativo, puesto que en ese caso corría el riesgo de volver a lo anterior, mientras no se determinase por la positiva *"luz abismal de Dios"*, como así tampoco, oscilando como un péndulo, sin discernir el sentido de sus pensamientos.

En este clima, llegado a sus treinta años de edad, se interrogó: *"¿Merece la vida las molestias y sufrimientos que nos ocasiona?"*. En ese momento las molestias eran ocasionadas por el apego a cosas que imposibilitaban todo discernimiento para verse libre de la confusión, puesto que no se puede discernir sin "soltar la presa", es decir, sin disponibilidad o libertad interior, cuya carencia le hacía exclamar: *"¡cómo nos retiene cuando se ama, con qué cadenas de oro nos sujeta, cuando se conoce el amor, el amor, Cristina, que es lo que da el más profundo barrunto de la eternidad!"*. No se trataba, por tanto, de no amar, sino de cambiar su escala de valores y el centro de su vida.

Al vislumbrar el centro, llegó a expresar con acierto que *"la salvación consiste en creer que la vida humana... tiene... sentido"*. En otras palabras, consiste en salir del encierro interior y abrirse al sentido de la vida, que es Alguien. Más aun, llegó a entrever que efectivamente, cuando viviese de ese modo, o sea, *"de continuo valorando las profundidades, ha de llegar un momento singular, extraordinario, en que se vislumbre la causa, en que se barrunte la oscura urdimbre, infinitamente misteriosa, en que de un modo inefable se sienta la presencia del espíritu de Dios"*. En otras palabras, ese sería el momento en el que podría comprender que la salvación está en la apertura a él, gracias a la que podemos vislumbrar, barruntar y experimentar su acción.

Para la realización de este encuentro fue fundamental reconocer que *"soy un pobre ser humano que pregunta y busca, y en ninguna parte se me da nada, ni encuentro lo que busco"*, o sea, hasta tanto no viviese en la verdad de su condición existencial. Ello comenzó a ser realidad cuando empezó a sentir que *"debo llamar a la puerta"*, es decir, salir de sí y vivir en la verdad. En ella comenzaría a encontrar la respuesta a su pregunta: *"¿Dónde encontrar aliento y vigor para vivir?"*, porque sentía que *"No puedo seguir viviendo de esta manera, con el corazón sangrante y el espíritu desgarrado"*, más aun, *"cargado de cadenas"*, las que ponía el enemigo de la naturaleza humana para detener su salida de sí y el encuentro con el aliento y la fuerza de Dios.

Nuevamente en la capilla de las Benedictinas de Paris encontró el valor y vigor para vivir, al recobrar allí *"inmediatamente la santa disposición de ánimo"* y liberarse de dichas cadenas, consistentes en *"la inquietud, las dudas todas, el vano acoso de mis pensamientos, los recuerdos vertiginosos"*. De esta manera su alma quedó entonces *"quieta"*, en paz e interiormente libre.

Como confirmación de esta paz interior y disponibilidad, indudables señales de Dios, aconteció inmediatamente después, durante la celebración de la eucaristía, que *"me asaltó inesperadamente este pensamiento, ¿se me está llamando?"*. Este pensamiento, que expresa la correcta relación con Dios, que es ir a él, aconteció dentro de una *"santa disposición de ánimo"* o consolación en el espíritu. Este era un llamado a no quedarse encerrado, pretendiendo que Dios se dirigiese a él, tentación teológica bastante frecuente, sino que saliese de sí para ir a él. Es importante acotar además, que esto sucedió durante la celebración de la eucaristía, no en cualquier otra fortuita circunstancia y, por tanto, era más digno de tenerse en cuenta.

Mientras tanto, las dificultades se complicaron otra vez por su tendencia negativa de la pereza o acidia, manifestada ahora porque: *"De un tiempo a esta parte he vuelto a caer en la turbia embriaguez de salir de casa, ver gente, sostener y escuchar conversaciones sin pizca de contenido, de todo lo cual abomino. Malgasto el precioso tiempo de mi vida".* Por el contrario: *"De todo esto me doy perfecta cuenta cuando vuelvo en mí en la capilla de las Benedictinas",* es decir, cuando por un lado, reflexionaba y discernía que era malgastar el tiempo huir de su decisión pendiente, y por el lado contrario, que era aprovecharlo encararla en este momento decisivo de su vida. Pero reparemos en el hecho de que este "darse perfecta cuenta" de su pereza o acidia no fue fruto de examen, introspección o análisis alguno, sino señal del encuentro con el Dador de todas las gracias, quien le dejó esta raíz a la vista para erradicarla juntos, porque aunque era fruto de su libertad, escapaba sin embargo, a su propio conocimiento por ser precisamente raíz.

18. UNA AYUDA EFICAZ PARA ALCANZAR EL FIN

Para conocer mejor su propio mundo interior y orientarse en su proceso de cambio, era necesaria una ayuda personal, por aquello al menos de que cuatro ojos ven más que dos, a fin de poder objetivar por medio de esa relación lo que pasaba por su alma. Esto ocurrió el 11 de diciembre de 1910, día crucial en la vida de Pieter. Fue cuando pensó realizar *"algo que* - León Bloy - *me había propuesto hacer desde mucho tiempo atrás, que me pusiera en contacto con un sacerdote".* Conectarse con uno era importante desde el punto de vista de la estrategia de la lucha de la vida en el Espíritu, porque la misma le permitiría, más que abrir su conciencia, abrir su alma y poder así discernir lo que pasaba por ella a fin de descubrir la acción de Dios para encaminarse en su seguimiento.

El momento era decisivo, porque: *"Hecho de ver que ya no puedo seguir adelante, ni puedo ya tampoco retroceder. Desde hace años que estoy merodeando"*, por ser *"hombre irresoluto"*, como dice el apóstol Santiago. Por una parte, su *"no puedo"* revestía un carácter positivo en el sentido de reconocer de alguna manera que precisaba la ayuda de otro. Mientras que su *"merodear"* no lo ayudaba a definirse. Bien lo expresa él mismo al decir: *"Conozco la verdad, pero no la poseo"*, una forma de decir: conozco la verdad pero no la vivo ni me decido por ella. O soy un convencido, pero no un convertido. Pero como ser cristiano es vivir de la fe (Rm 1,17), y ella es una decisión por Cristo, en su indefinición no llegaba a dicha conversión. Era como no haber terminado de captar al Evangelio como Palabra para ser vivida, sino confundiéndola con una ideología, con la que se puede juguetear, aparentar o "merodear".

La salida de este dar vueltas no fue instantánea, por cuanto todavía experimentaba que, *"me tambaleo lamentablemente"*. Esto ocurría porque no se detenía a discernir para salir de la confusión entre *"ciertos momentos muy profundos (en que) siente mi espíritu que la Iglesia es la envoltura visible de la luz"* y, por el lado contrario, *"otras ocasiones (en que) me parece todo un espejismo, un consuelo excogitado por los hombres y se me antoja que es una debilidad y una vileza admitir como realidad estos antiguos ensueños"*. En otras palabras, entre *"ciertos momentos muy profundos"* y de peso, y un vago, hipotético y sin fundamento *"me parece"*. Además, la figura de una *"envoltura visible de la luz"*, para referirse a la Iglesia, daba hincapié a la tentación de ver en ella un *"espejismo"*, muy lejano ciertamente de la realista y dinámica *"Iglesia peregrina... imagen de este siglo que pasa... y gime al presente con dolores de parto"*[19], porque ella es escuela de conversión, lugar de combate espiritual y de discernimiento, donde abunda la gracia junto al pecado y la tentación.

---

[19] Constitución *Lumen gentium*, 48, Concilio Vaticano II.

En este dinámico y realista clima interior, su merodeo y tambaleo se hizo insostenible. Fue entonces que nuevamente reflexionó: *"de esta forma no puedo seguir viviendo. Las tinieblas se hacen demasiado densas"*, sobre todo porque a medida que no se determinaba a discernir, estas crecían. Pero por esto mismo, las tinieblas sin embargo, llegaron a convertirse indirectamente en un verdadero y positivo acicate para deliberar, discernir y actuar.

Esto ocurrió cuando manifestó su anhelo profundo: *"Quiero ver claro por mí mismo"*, es decir, desde dentro y no porque otro lo convenciera, ni tampoco como una expresión de soberbia u orgullo que iban menguando en él, sino como la expresión de un ser libre y no esclavo de la confusión. Esto se realizaría mediante el encuentro con un sacerdote, tal como le aconsejara Bloy.

19. LA CONCRESIÓN DE LA AYUDA

El punto crítico de su proceso de conversión fue una experiencia que provocó una nueva manera de ver, un cambio de horizonte, más aun, un cambio de sujeto, en el sentido que ya no fue él el centro autónomo de su vida con consistencia en sí mismo, en torno al que giraba incluso el mismo Dios, sino reconociendo en Él el centro y protagonista principal en su vida.

A partir de aquí las cosas no fueron más lo que eran antes; la vida adquirió un sentido nuevo; el conocimiento de Dios se afinó gracias a la experiencia de la vida en el Espíritu; el Evangelio se convirtió en algo pertinente a la vida, a un estilo de vida. La idea que tenía de sí mismo se modificó; los objetivos de la vida se clarificaron. Pasar con éxito el punto crítico para llegar al elemento final de la conversión, a la vida que emergía, significó que debía dejar caer las percepciones del pasado; que tenía que morir a las convicciones adquiridas; que tenía que pasar de un enciclopedismo del mucho saber a un saborear, sentir y gustar de las cosas internamente.

Este cambio de percepción en la manera de conocerse y de conocer de otro modo a Dios, constituyó el fundamento de la vida que fluía. Fue en ese momento que apareció la posibilidad de la resurrección a una vida nueva. Pero el proceso de conversión no se detuvo allí, porque la vida que surgía era al mismo tiempo preparación para conversiones futuras o nuevos puntos de partida. Durante ese tiempo su persona se afirmó poco a poco en la fe, probó sus convicciones y descansó simplemente en un conocimiento más interno, más intenso y más íntimo de Dios.

Fue entonces que concretó en ese mes de diciembre lo propuesto pocos días antes por Bloy: *"Deseo preguntar a un sacerdote lo que debo hacer, pues no sé ya qué partido tomar".* Es importante reparar, por un lado, que "deseó" hablar y no sólo pensó, es decir, que surgió como algo no premeditado, de lo más profundo de sí y no de una consideración teórica.

Por otro lado, estaba equivocado al pensar que debía ir en búsqueda de *"lo que debo hacer"*, pues no se trataba de que el sacerdote actuase en actitud directiva o consejera - como había sido la inoportuna manera de Bloy un año antes al decirle directivamente: *"usted está en el error"* – sino, por el contrario, en actitud no directiva a fin de dejar a Pieter proyectar lo que le pasaba y quedar enfrentado a las alternativas de su vida, ayudándole de esta manera a que fuera él quien discerniese qué era mejor hacer, porque lo mejor es de Dios, o sea, si integrarse en el peregrino pueblo de Dios, o no, y fuese él quien decidiese. Tal como dice la Escritura: *"Delante de ti está el fuego y el agua, adonde quieras puedes llevar tu mano" (Eclo 16,16).* Por el contrario, una actitud directiva no le hubiese ayudado a crecer y madurar en el discernimiento. Otra cosa sería, una vez decidido, que el sacerdote le indicase qué pasos dar para integrarse formalmente en el rebaño único de Cristo. Como fue la actitud sensata que tomó tiempo después el mismo León Bloy al decirle: *"'Amigo, sea de buena voluntad, y Dios le dará a usted la paz, Dios le ayudará'...Cuando pronunció el nombre de Dios, sentí un estremecimiento en las fibras más íntimas de mi alma. ¿Qué maravillas van a obrarse en nosotros?"*.

La actitud sabia, cálida, acogedora y no-directiva que tuvo el Padre Langlois, del Sagrado Corazón de Montmartre, propició en aquella ocasión la importante posibilidad que *"durante mucho tiempo estuviese hablando sobre mi vida, sobre mi matrimonio de amor, sobre mi trabajo, sobre mi búsqueda y mi avidez"*. En otras palabras, le brindó la ocasión de poder proyectar su vida para que viese y objetivase lo que pasaba por ella, a fin de descubrir él mismo el camino mejor por el cual encaminarse. Prueba de esto es lo que Pieter manifestó luego: *"Es curioso lo fácil que me ha resultado hablar con toda sinceridad de las cosas más oscuras de mi alma"*, que al contrastarlas con las zonas claras, fue descubriendo por dónde debía encaminar su vida. Esto ocurrió por el hecho de haber abierto su alma, que es más que abrir la conciencia. En efecto, esto fue lo que permitió dejar entrar la luz sobre lo positivo y lo negativo, mientras que guardar sus cosas en secreto hubiera sido permanecer en la confusión y brindar la ocasión de poder seguir siendo engañado por el adversario. La primera ayuda fue, por tanto, él mismo, quien en la medida que abrió su alma y se comunicó proyectando su vida, descubrió el camino a seguir.

Al hacerlo, experimentó al mismo tiempo, que penetraba *"en un mundo desconocido"*, el de la vida en el Espiritu, hecho de oscuridades y claridades. El discernimiento de estas, nada tiene que ver con subjetividades, ni con análisis psicológicos, ni moralizantes, ni con el engaño de creer que esta vida es un simple idilio con Dios, sino por el contrario, con la experiencia de esa conflictividad que permite diferenciar lo que pasa. Esto le ayudó a descubrir por contraste, entre otras cosas, que *"todos los inconvenientes que aduzco me parecen absurdos"*.

Liberado de estas tentaciones o dificultades e iluminado en su interior, *"después he ido a postrarme ante el Santísimo Sacramento... le he hablado de mi zozobra espiritual y de mi miseria, le he pedido misericordia... y mi alma se derramó en una adoración callada"*. En este encuentro y relación personal con Dios, le habló, pidió y adoró en silencio, en un verdadero trato de amistad humilde con la misericordia encarnada. Fue así que vida y fe se integraron. El contenido de esta relación personal con Dios fue en esta ocasión, sencillamente la vida, lo que pasaba por su alma, y allí experimentó el abrazo del Padre, tras haberse dejado vencer por su amor, por el abrazo del perdón moviéndolo al cambio.

20. RETORNO CON LOS DEMÁS A LA CASA DEL PADRE

Si bien durante todo su proceso de cambio puede habernos quedado la impresión de una ausencia de los otros, sin embargo, recordemos cómo el mismo proceso comenzó precisamente cuando nos narró en aquel año 1907, que había *"estado durante todo el día en casa de un anciano, desde alrededor de las nueve de la mañana hasta las ocho de la noche. Durante esas once horas el anciano me ha estado contando casi sin interrupción toda su vida..." y "me he asomado a los más profundos hondones del alma humana"*.

Desde esta hondura y a partir de ella, Otro, dulce, leve y suavemente comenzó, a través de aquella experiencia, a intervenir en su vida y ayudarle a descubrir, desde el hondón de su propia alma, poco a poco, el sentido de la vida y la razón de su ser para Dios y los demás.

El 23 de diciembre de aquel año 1910, tras lo vivido en su entrevista con el Padre Langlois en el Sagrado Corazón de Montmartre y su posterior encuentro personal y trato de amistad con Dios, narra lo siguiente: *"Cuando hablo con Cristina, que vive el mismo milagro de Dios, acerca del don inefable que se nos otorga, cuando juntamente con nuestro hijo rezamos en común las oraciones de la mañana y de la noche, me siento vinculado con el gran poder que está fuera de nosotros, sollozamos de felicidad como niños que han vuelto a encontrar su hogar".*

Es importante resaltar aquí el hecho del encuentro y relación personal con Dios junto a su mujer y su hijo, y en la misma, haber conocido sin pensarlo, a quien *"está fuera de nosotros"*, y al mismo tiempo hallado en él el *"hogar"*, el espacio cálido e íntimo en el que encontró la unidad en sí mismo.

Sin embargo, ese "hogar" reencontrado en la casa del Padre, no quería decir que hubiera llegado a un punto final en la lucha de su peregrinar hacia Él, sino que en realidad recién comenzaba, porque *"Enzarzado en esta pelea, el hombre ha de luchar continuamente para acatar el bien, y sólo a costa de grandes esfuerzos, con la ayuda de la gracia de Dios, es capaz de establecer la unidad en sí mismo"*[20]

En esta lucha, en la que estaba involucrado Pieter por tratar de *"acatar el bien"*, experimentaba que *"Aun hay días en que la duda todo lo destruye; en tales ocasiones abrigo el temor de que me estoy dejando seducir por un señuelo, ciertamente bello, pero desprovisto de toda realidad".* En estas circunstancias la señal del adversario estaba clara en lo destructivo de su duda, y en un temor paralizante que se manifestaba en un pensamiento hipotético implícito ("¿y si me estoy dejando seducir?") que lo llevaba a quitarle la confianza en Dios. Toda esta dificultad estaba envuelta además, con apariencia de bien, por cuanto dicho anzuelo seductor se presentaba *"bello, pero desprovisto de toda realidad".*

---

[20] Constitución *"Gaudium et spes"*, Conc. Vat. II, 37.

"En tales momentos me siento despojado de todo y más pobre aun, más desesperado que antes. Apenas recuerdo la impaciencia y los anhelos con que aguardo el porvenir. Me invade el desaliento, lleno de incertidumbre y presa de la angustia, recaigo en las tinieblas. Mi ser no quiere prestar oídos a la insistencia de la voz interior que me dice... que persevere, que ore, que pida, que llame con mis dos manos a la puerta de la morada de Dios".

En esos momentos el problema de fondo radicaba en el hecho de *"no querer prestar oídos a la insistencia de la voz interior"* que lo animaba a estar con él, a perseverar, a pedir y a llamar. En otras palabras, se debía al encierro en sí mismo, de donde se seguían las contrarias, desesperación, desaliento, incertidumbre, angustia y tinieblas.

Una vez más la acción del adversario quedó al descubierto en dicha invasión desoladora en el espíritu: *"Son horas abrumadoras, mi espíritu queda mortalmente herido y yo tartamudeo las oraciones como un agonizante. Mas estas no me auxilian, no me redimen de mi torturante incertidumbre".* Sin embargo, lo importante era que, a pesar de su desolación en el espíritu, oró como pudo y no capituló, pese a que en el fondo el problema de no ser auxiliado era el encierro en sí mismo, el no querer prestar oídos a la insistencia de la voz interior.

A continuación muestra este conflicto en los siguientes términos: *"Oigo, en mi espíritu, el responso de dos voces: una de ellas me alienta a seguir adelante, la otra se mofa de mis anhelos. Voy a tratar de expresar con palabras esta extraña lucha interior, de la que soy, por decirlo así, espectador y a la par objeto".* Esta lucha se daba en una especie de contrapunto entre inclinaciones del ánimo que movían en sentidos claramente contrarios. Veámoslo en el texto siguiente, en el que señalamos con el signo negativo y positivo, la acción de espíritus contrarios.

- *"¿Ves cómo vacilas y tienes miedo a la sujeción que va a imponerte el Catolicismo? ¡No eres tú el hombre para disciplinas y limitaciones! Regresa a la vida".*

+ *"¡La vida! Pero si lo que tú llamas la vida no es más que apariencia. No se vive en la verdad hasta que se conoce a Dios, hasta que el amor vierte nuestra alma en Dios, como un árbol busca con su copa las alturas del cielo".*

- *"¡Dios!... Pero, hombre, si Dios es un sueño. ¿Y te propones sacrificar tu vida en aras de una ilusión, de una palabra huera?... Si te haces cristiano, vas a tener que cargar con un yugo".*

+ *"No, por el contrario, serás liberado; se te revelará el mundo infinito del espíritu... De modo maravilloso se te manifestará el sentido de la vida... Eso que llamas la vida ¿te ha satisfecho por ventura alguna vez? Únicamente la infinitud de Dios puede saciarte. Lo sabes muy bien. ¿Por qué no te entregas, pues?"*

- *"¿Entregarte a la Iglesia tal como la ves en la actualidad? ¿Entregarte a sacerdotes que son gente insignificante y que de seguro no saben nada acerca de un complicado espíritu moderno, en el que se excogitan todas las posibilidades?"*

+ *"En ninguna otra parte puedes recibir como alimento el Cuerpo de Cristo que da la vida eterna sino aquí, en la Iglesia, y de mano de un sacerdote, por muy pecador... que este sea como hombre... ¿Y no te precipitarás tú hacia Él, como un sediento hacia el manantial, como un hambriento hacia el pan? ¿Quieres, pues, ajarte y perecer de inanición?"*

Sin lugar a dudas, vemos en este contrapunto riquísimo de mociones interiores, a un Pieter crecido al contrastarlas, y maduro en el espíritu por discernirlas, afianzándose en lo positivo y rechazando lo contrario. Estas contraposiciones y las respuestas a las mismas le ayudaron efectivamente a crecer y madurar, por cuanto en el fondo le plantearon tácitamente los siguientes interrogantes: ¿Adónde conducen unos y otros argumentos? ¿En qué terminan? ¿Qué es mejor, vivir en la apariencia o en la verdad? ¿Cargar solo con el yugo de la vida o cargarlo con Él? ¿Vivir con sentido de la vida o sin él? ¿Recibir el Pan que da fuerza interior y la vida eterna o carecer de él? ¿De dónde sacar sino las fuerzas y la luz para descubrir el camino? ¿Qué es lo que satisface plenamente, lo contingente o lo eterno?

Su discernimiento, decisión incluida, en la que ejercía su fe, no se hizo esperar, al descubrir que eran de Dios su sed y su deseo ardiente del Bautismo: *"Mi alma quiere saciarse en Dios. Deseo ardientemente recibir el sacramento del Bautismo para que éste me libre de las cadenas de la ignorancia y de la ceguera".* En efecto, al recibirlo consciente y libremente a los treinta años de edad con su hijo de siete, se vería libre del encierro interior que lo había sumido en la ignorancia y la ceguera.

21. AÑO 1911: LA FIESTA

El trascendental período de su vida comenzado en 1907 con la entrada en sí mismo y tras haber discernido poco a poco sus estados de ánimo para encaminarse con sentido en la vida, llegó al año 1911 en que recibió el Bautismo junto con su hijo. Por este motivo vislumbró el 5 de enero de ese año, que *"Amanece la nueva vida verdadera; acontecimientos cuyo alcance y significado soy incapaz de abarcar, van a tener lugar muy pronto, y nuestras almas quedarán señaladas por la eternidad".*

La alegría interna que en el fondo lo llamaba y atraía al misterio total de Cristo pacificando su corazón en Él, era fundamental como condición previa para el paso que iba a dar, ya que sin esa alegría interior como motivadora, nos hubiéramos encontrado frente a un gesto no cristiano.

Como consecuencia de este alborear existencial expresó: *"Cuán distinta es ahora mi actitud frente a la vida, cuyo centro de gravedad se ha desplazado"* al ocuparlo el Protagonista principal. Por ello agrega, *"Ya he dejado de estar solo en el universo... Voy escalando lentamente una cordillera espiritual"*, pero ahora con Él, con quien sólo es posible lograrlo. Así es como, *"cada vez voy descubriendo nuevas cumbres; empiezo ya a abarcar con la mirada el orden divino... Qué necias palabras balbuceo para penetrar su misterio impenetrable"*. Comenzó así a experimentar que no era un "yo" solitario en el universo, más aun, una conciencia aislada, sino un "nosotros" con Él y los demás, como miembro de un cuerpo y de un pueblo, el de Cristo y el de Dios. No es que hubiera cambiado el esquema de su vida con un centro en torno al que giraba, sino que este dejaba de estar ocupado por el "yo" para ser reemplazado por Él. De esta manera dejó de estar existencialmente desubicado y adquirir la experiencia de que ir en su seguimiento era escalar "con Él" esa cordillera, y descubrir así nuevos horizontes a través de la experiencia de los ascensos y descensos propios de la vida.

Dado en efecto, que la auténtica vida en el Espíritu implica una lucha cierta y continua, experimentó todavía: *"cuán arraigado está en mí el hombre antiguo, con sus dudas y vacilaciones, con el cáustico autoanálisis y todas las pasiones"*. Mientras, por el contrario, *"la fe enraíza en mi alma cada vez con más ahínco"*, como un ancla en el fondo sereno de un mar agitado, es decir, todavía *"viviendo los terribles días de obtusa sordera, en los que permanezco de nuevo encadenado, cautivo en la antigua cárcel de la apariencia"*, o sea, en la conflictividad propia de la vida interior, que hace de la conversión un nuevo punto de partida y de la vida de fe una decisión renovada. Una tarea en fin, de colaboración libre y continua con la acción del Hacedor que sólo es posible si discernimos desde dónde nos llama para ir a él, para descubrir por dónde transita en nuestra vida, e ir en su seguimiento.

En este proceso de cambio todavía faltaba tomar mayor conciencia de esta acción conjunta con el Hacedor. Por ello fue que al conjugar las cosas en singular, experimentó en consecuencia que: *"No puedo huir, aunque lo deseo ardientemente me faltan las fuerzas para ello, no tengo la energía para romper los vínculos malignos"*. Al ver entonces el adversario que se acobardaba y se replegaba en su yo, la desolación en el espíritu lo invadió: *"Incluso la oración carece de virtud para ayudarme, todo se me antoja una broma siniestra"*.

En otras palabras, faltaba la vivencia profunda de que podía *con Cristo*, con quien sí podría romper los vínculos malignos y entonces su relación personal con él se elevaría plenamente hasta él. Así terminaría de vivenciar que con él podía vencer todos los obstáculos. Asimismo acabaría de comprender que ser cristiano es compartir todo con él, quien hace así llevaderas nuestras cargas.

Mientras tanto, el adversario aprovechó aquél momento de desolación para cargar las tintas con su lenguaje extremo. Es cuando dijo Pieter que: *"todo se me antojaba* (o le parecía) *una broma siniestra"*, tratando así de desanimarlo en su marcha. En momentos así palpaba la carencia de un fundamento sólido en la fe, ese que se nutre desde la infancia, en la que experimentó, como decía Bloy hablando de Pieter, que *"no le mostraron a Dios"*.

La actitud lúcida y consciente, con que ahora tomaba estos ataques, fue la siguiente: *"No escucho la artera voz del enemigo, desprecio sus taimadas insinuaciones"*. El modo de combatirlo fue acertado, porque con él no se dialoga y se ha de rechazar a la más mínima insinuación.

En aquel momento se preguntó: *"¿Desde cuándo creo a punto fijo? No lo sé, no podría decirlo"*. Sólo recordaba que un día hizo la señal de la cruz y rezó el Padre nuestro, y *"desde entonces estoy desarmado, desde entonces vivo entregado"*. Esto fue lo importante de aquel momento: el encuentro con él y el haber bajado sus defensas para entregarse y comprender que creer es decidirse por quien nos quiere hasta la última gota de su sangre por nosotros.

Una señal indirecta y cierta de su conversión fue que, vencido el enemigo en el corazón de Pieter, encontró la manera de atacarlo por medio de los demás: *"Alguien me ha preguntado si no temía sentirme oprimido al tener que moverme en el marco de los dogmas y bajo la férula de la autoridad apodíctica de la Iglesia. He contestado: 'Desde el momento en que decidí recibir el Bautismo, he dejado de pensar totalmente en esa posibilidad. Y lo que es más curioso, he añadido riendo, siento precisamente lo contrario de una opresión, siento la liberación'"*. Este sentimiento era de Dios, no el temor de una supuesta opresión. Esta libertad en el Espíritu se fundaba en el convencimiento de que su vida se movía en el marco de los valores del espíritu de Cristo y del Evangelio.

Otra ocasión de ataque fue con motivo de que *"casi todos nuestros conocidos me objetan que no comprenden en absoluto la necesidad de ingresar en la Iglesia; uno se puede aproximar a Dios, perderse en Él igualmente, si no mejor, manteniéndose al margen de toda religión; también en el exterior de la Iglesia se puede llevar una profunda vida del alma, etc."*. Sin embargo, dado que no nos salvamos solos ¿qué le ayudaba más o era mejor para él?, ¿llevar una profunda vida del alma en solitario, como una conciencia aislada, *"al margen de toda religión"*, fuera del cuerpo de Cristo y pueblo peregrino de Dios, o vivirla comunitariamente apoyado en él?

Que esto segundo era lo mejor quedó corroborado por el hecho de que: *"Ha debido obrarse ya en mi interior un gran cambio, puesto que todas esas objeciones suenan en mis oídos como procedentes de un mundo que tengo olvidado por completo. Para mí es una perfecta naturalidad que solamente en la Iglesia se puede conocer a Dios, porque únicamente en ella está realmente presente, en el altar, bajo la especie del Pan".* Vemos de paso, que su discernimiento fue concreto, no abstracto, al considerar que lo mejor "para mí" en orden a llegar a Dios, era integrarse en la asamblea del pueblo fiel de Dios en la que nos salvamos juntos.

A 23 de enero escribe: *"Ahora comprendo por qué teníamos que venir a Paris. Dios nos trajo aquí, sin saberlo nosotros, porque teníamos necesidad de Bloy para dar el paso decisivo"*, ese que implica la fe, que *"no es un consuelo, ni mucho menos un bastón sobre el que uno se apoya; la fe es la vida misma... es servir a Dios, reemplazar la voluntad propia por la voluntad de Dios. Y esto modifica el valor de todas las cosas. La vida se halla bajo la luz de lo sobrenatural".*

Para este cambio de la escala de valores, fue importante la presencia de la personalidad humanamente rica de Pieter, en la que pudo encarnarse lo "sobre-natural", a fin de que la fe no fuese un sobre-añadido, una flor del aire. Sin embargo, todavía desde el presente decía ahora: *"Veo los años de mi propio pasado como un prolongado día sombrío, y mi alma estaba muerta"*, aunque en realidad no había sido totalmente así, sino que, sin saberlo, había estado sólo sedienta de Dios, lo que hizo que su situación no fuese mortal, la prueba está que fue posible su redención.

Finalmente llegó el 25 de febrero, el día esperado, el paso a la Vida. *"Ayer tuvo lugar. Ayer. Fiesta de San Matías, el Apóstol, designado por el Espíritu Santo para sustituir a Judas. Habría de disponer de palabras puramente angélicas para poder decir en todo su alcance lo que realmente sucedió ayer. Nuestro hijo y yo recibimos el Bautismo, Cristina y yo nos unimos en matrimonio. Jesús nos ha redimido y purificado; hemos renacido... Nuestras vidas se han abismado en la profundidad de Dios... La vida así vivida nos aproxima cada vez más a Dios y a los hombres"*, al sentido de la vida, que es ser para Dios y los demás. De esta manera llegaron a la madurez como personas y en el Espíritu, al abrirse a Dios y a los otros.

EPÍLOGO

¿En qué consistió en el fondo el cambio interior operado en Pieter van der Meer entre los años 1907 y 1911? Fundamentalmente, en salir más y más, trabajosa y lentamente, del encierro en sí mismo al encuentro y relación con Dios y los demás, gracias a un deseo profundo de libertad. Aquí radicó todo su problema existencial, y la salida del mismo, en dejar que el centro de su vida pasase, conciente y libremente, a ser ocupado por el Protagonista principal, tras la experiencia de su amor y perdón incondicional, su misericordia, su comprensión y contención. Él fue quien lo liberó de todas las prisiones y miedos, y al liberarlo lo devolvió de la desarmonía, dispersión y confusión interior a la unidad en sí mismo, en alegre vinculación con el Dios viviente, que advino hecho hombre en Jesucristo.

Lo único que Él esperó de Pieter fue que su corazón fuese capaz de reaccionar y se abriese, consciente y libremente, no por ninguna "obediencia a la ley", ni por el retorno a unas formas de vida convenientes, ni tampoco por adaptación a un conformismo social, sino en respuesta al llamado particular que Cristo le hacía, no como una conciencia aislada, sino como miembro del pueblo peregrino de Dios en acción, para vivir desde él un modo histórico de ser cristiano más acorde con la realidad del mismo. Así llegó, finalmente vencido por el Amor encarnado, a un abrazo incondicional con el Padre, quien esperó que su corazón se rindiese dócilmente como arcilla maleable, para hacer de él una vasija nueva.

Al vivir de la fe, de la confianza y entrega, llegó a poner toda su existencia en la oportunidad única proporcionada por Jesucristo: la de ser protagonista, como miembro de su Cuerpo, de la esperanza operante y creativa del Evangelio para un mundo mejor#

ENSAYOS DEL AUTOR

Descubrir la acción de Dios. Generis Publishing, 2020.

Otro conocimiento de Dios. Desde la experiencia de la vida en el Espíritu. En las Confesiones de san Agustín. Éditions Croix du Salut, 2019.

Teología desde la experiencia de la vida en el Espíritu. Otro modo de proceder. La clave y el instrumento. Credo Ediciones. 2013.

Dar razón de Dios. Un modo teológico ignaciano de proceder. San Benito, Buenos Aires, 2009.

Captar el sentido de la vida. Proceso de una experiencia. En la Autobiografía espiritual del filósofo y teólogo de la historia Nicolás Berdiaev (1874-1948). Lumen, Buenos Aires-México, 2008.

La ciencia del espíritu (Rom 10,2). Adiestramiento integral para acompañantes espirituales. Dimensión funcional de la Teología Espiritual. San Benito, Buenos Aires, 2006.

El discernimiento como ayuda espiritual y psicológica. Teoría y práctica (en colaboración con Horacio Muñoz Larreta), San Benito, Buenos Aires, 2005.

Dos caminos. El discernimiento en Jesucristo. San Benito, Buenos Aires, 2003. Segunda edición 2004.

Geografía espiritual, de dos compañeros de Ignacio de Loyola. Desclée De Brouwer, Bilbao, 2001.

Ignacio de Loyola. Lo que pasaba por su alma. CEIA, Buenos Aires, 2000.

Thomas Merton. Un sentido de vida. CEIA, Buenos Aires, 2000. Segunda edición San Benito, Buenos Aires, 2008.

La lucha espiritual en John Henry Newman. Desclée De Brouwer, Bilbao, 2000.

Interioridad de Carlos de Foucauld. Desde el discernimiento de espíritus. Una fenomenología teológica. Publicaciones Claretianas. Madrid, 1995.

Discernir en el desconcierto. Una experiencia: Claret (1807-1870). Publicaciones Claretianas, Madrid, 1993.

La guerra invisible. El discernimiento espiritual como experiencia y como doctrina en Santa Teresa de Jesús. Publicaciones Claretianas, Madrid, 1991.

Printed by Books on Demand GmbH, Norderstedt / Germany